Hedge Fonds in Deutschland

Informationen für den privaten Anleger

von

Bernd Berg

Tectum Verlag
Marburg 2004

Berg, Bernd:
Hedge Fonds in Deutschland.
Informationen für den privaten Anleger.
/ von Bernd Berg
- Marburg : Tectum Verlag, 2004
ISBN 978-3-8288-8762-6

Tectum Verlag
Marburg 2004

Bernd Berg, geboren 1976 in Neuss, promoviert an der Eberhard-Karls-Universität Tübingen zum Thema „Hedge Fonds und die Asienkrise". Während eines Praktikums in der Division „Absolute Return Strategies" der Deutschen Bank AG in Frankfurt am Main sammelte er umfangreiche Erfahrung in der Hedge Fonds Industrie und ist unabhängiger Anlageberater.

„Risiko entsteht dann, wenn die Anleger nicht wissen, was sie tun."

Warren Buffet

Vorwort

In den deutschen Finanzplatz kommt Bewegung. Seit dem 01.01.2004 sind Hedge Fonds in Deutschland rechtlich zugelassen. Das so genannte Investmentmodernisierungsgesetz ermöglicht dem deutschen Privatanleger, erstmals direkt in Hedge Fonds zu investieren. In den vergangenen Jahren war ein Investment in Hedge Fonds für den Privatanleger aufgrund gesetzlicher Restriktionen nur in kompliziert strukturierten Hedge Fonds Zertifikaten möglich. Das neue Gesetz bietet dem Privatanleger einen vereinfachten Zugang zu der neuen Anlageklasse.

Hedge Fonds sind eine in Deutschland relativ neue Anlageklasse. Sie zeichnen sich dadurch aus, dass sie eine Vielzahl von Finanzinstrumenten einsetzen, auf fast allen Märkten tätig sind und unabhängig von der allgemeinen Entwicklung der Aktienmärkte agieren. Dadurch lassen sich Rendite und Risiko in einem Portfolio durch die Beimischung von Hedge Fonds deutlich verbessern. Allerdings werden Hedge Fonds auch immer wieder als sehr riskante und undurchsichtige Anlageklasse bezeichnet. Insbesondere der Zusammenbruch des von den beiden Nobelpreisträgern Myron Scholes und Robert Merton gemanagten Long Term Capital Management Hedge Fonds im Jahre 1998, der die amerikanische Notenbank sogar zu einer konzertierten Hilfsaktion veranlasste, wird oft als Beispiel für das Risiko der Anlageklasse angeführt. Zwar ist bei einzelnen der weltweit 7500 Hedge Fonds ein Totalverlust auch in Zukunft nicht auszuschließen, jedoch zeigen die Konkurse der Firmen Worldcom und Enron, dass ein Engagement in einzelnen Aktien ähnliche Risiken beinhalten kann. Der deutsche Gesetzgeber hat dem Privatanleger durch das neu eingeführte Gesetz ein Investment in so genannte Dachfonds Hedge Fonds ermöglicht, die in viele einzelne Hedge Fonds investieren, wodurch das Risiko reduziert wird.

Durch das neue Gesetz bietet Deutschland ein sehr liberales Marktumfeld für Hedge Fonds. Hedge Fonds Manager genießen ähnliche Anlagefreiheiten wie Manager in den Offshore Standorten Cayman Islands oder Bermudas. Allerdings sind die aufsichtsrechtlichen Vorschriften in Deutschland gleichzeitig wesentlich strenger. Insbesondere sind im Gesetz viele Bestimmungen enthalten, die die Risikokontrolle und die Transparenz der Produkte gewährleisten. Im ersten Halbjahr 2004 haben deutsche und ausländische Fondsgesellschaften bereits mehrere gemäß dem neuen Gesetz konstruierte Hedge Fonds auf den Markt gebracht. Weitere Fondsgesellschaften haben bereits angekündigt, im zweiten

Halbjahr 2004 zusätzliche Produkte zu emittieren. Die Anzahl der angebotenen Hedge Fonds wird daher ebenso groß sein wie die Diskrepanz in der Qualität und in der Wertentwicklung der Produkte.

Für den Privatanleger eröffnet das neue Gesetz daher sowohl Chancen, als auch Risiken. Ein gutes Verständnis der für den deutschen Anleger relativ neuen Anlageklasse ist daher ebenso wichtig, wie ein gründlicher Vergleich der angebotenen Produkte. Denn auch Hedge Fonds stellen keine Garantie für Gewinne dar.

Bernd Berg

Tübingen, Juli 2004

Inhalt

Einleitung

„Die nächste Krise in Form einer platzenden Blase könnten die kräftig zunehmenden Hedge Fonds auslösen, die treffender als Risiko-Fonds bezeichnet werden."[1]

Nachdem aufgrund der hohen Kapitalzuflüsse in deutsche Hedge Fonds Produkte im Jahr 2001 in vielen Presseartikeln bereits vor einem Platzen der „Hedge Fonds Blase" gewarnt wurde, wurde es im Jahr 2002 sehr ruhig um die Hedge Fonds Branche. Rechtliche und regulatorische Hindernisse, hohe Gebühren der Produkte und verfehlte Renditeziele sorgten für eine nachlassende Euphorie der Anleger für Hedge Fonds. Doch der deutsche Hedge Fonds Markt scheint eine Renaissance zu erleben. Die hohen Verluste, die deutsche Aktien bis März 2003 erlitten, ein attraktives Risiko-/Rendite-Profil von Hedge Fonds und deren rechtliche Zulassung ab dem 01.01.2004 sorgen für eine erneute Zunahme des Anlegerinteresses an Hedge Fonds. Die Diskussion über die Vor- und Nachteile von Hedge Fonds findet heute zunehmend in der Finanzpresse statt, wobei sowohl unkritische Begeisterung, als auch haltloses Verdammen dieser Anlageklasse zu beobachten sind. Fast täglich erscheinen Presseberichte über die „neue" Anlageklasse, wobei Hedge Fonds als das „Modeinvestment der Stunde" tituliert werden. Dabei werden die vorteilhaften Renditeeigenschaften von Hedge Fonds ebenso hervorgehoben, wie ihre hervorragenden Diversifikationseffekte, die sie bei der Beimischung zu einem Portfolio aus Aktien und Anleihen stiften würden. Teilweise wird daher bereits von einem „Neuen Paradigma" in der Vermögensverwaltung gesprochen. Es gibt jedoch auch zahlreiche Skeptiker, die Hedge Fonds als eine unseriöse, intransparente Anlagekategorie betrachten, die sich ihrer Meinung nach in der Vermögensverwaltung nicht dauerhaft etablieren kann. Oft wird die aktuelle Entwicklung des Hedge Fonds Marktes auch mit der Euphorie des Neuen Marktes in den Jahren 1998 bis 2000 verglichen und davon ausgegangen, dass der Höhepunkt des derzeitigen Hedge Fonds Booms bald erreicht sein wird. Aufgrund vieler Fehleinschätzungen, die in der Öffentlichkeit über die Anlageklasse Hedge Fonds herrschen, scheint es angebracht, die aktuelle Diskussion über die Vor- und Nachteile von Hedge Fonds differenzierter zu betrachten, als dies oft getan wird. Dieses Buch soll einen Beitrag zur aktuellen Diskussion über die Zukunft der Anlageklasse Hedge Fonds für Privatanleger leisten und dem Privatanleger wertvolle Informationen über Hedge Fonds liefern.

Die Chancen und Risiken der Anlageklasse Hedge Fonds für den Privatanleger werden in diesem Buch folgendermaßen aufgezeigt. Der erste Teil des Buches gibt einen Überblick über die Hedge Fonds Branche und die von Hedge Fonds verfolgten Strategien. Der zweite Teil analysiert den deutschen Hedge Fonds Markt für Privatanleger. Dabei wird zunächst die rechtliche Lage in Deutschland untersucht, wobei vor allem die Implikationen, die sich durch die rechtliche Zulassung von Hedge Fonds ab dem 01.01.2004 für den deutschen Hedge Fonds Markt ergeben, betrachtet werden. Anschließend folgt eine Marktanalyse der Anbieterseite, wobei die aktuell angebotenen deutschen Hedge Fonds Produkte verglichen und analysiert werden. Abschließend werden Hedge Fonds spezifische Risiken und deren Implikationen auf die Portfoliodiversifikation erörtert.

Was sind Hedge Fonds?

Herkunft

Der Begriff „Hedge Fonds" tauchte in der Wirtschaftspresse erstmals im Jahre 1966 auf. Eine Redakteurin des Magazins *Fortune* erwähnte ihn erstmals in dem Artikel „The Jones Nobody Keeps Up With" über den amerikanischen Soziologen Alfred Winslow Jones.[2] Dieser hatte 1949 zusammen mit führenden Markttechnikern, Prognostikern und Analysten der Wall Street einen Aktienfonds aufgelegt, der zunächst als „General Partnership" organisiert war. Im Jahre 1952 wurde die Anlagefirma in eine „Limited Partnership", eine Rechtsform, unter der in den USA auch heute noch die meisten Hedge Fonds fungieren, umgewandelt. Jones' Fonds, in den er selbst einen großen Teil seines Privatvermögens investierte, war daher nur einer begrenzten Zahl von Anlegern zugänglich. Diese zahlten für das Management des Fonds eine performanceabhängige Gebühr von 20%, womit sich bereits in diesem Hedge Fonds Charakteristika zeigten, die bis heute den gesamten Markt prägen. Die Besonderheit des von Jones aufgelegten Fonds bestand darin, dass er in ihm die traditionellen Portfolios seiner Anlagefirma durch die Aufnahme von Fremdkapital und den Einsatz von Short-Positionen ergänzte. Sein Grundgedanke war, dass durch die Kombination von Aktienkäufen und Aktienverkäufen (Short-Selling) im Portfolio die Rendite erhöht und gleichzeitig das Gesamtrisiko wegen des geringeren Netto-Marktrisikos reduziert werden konnte. Bis in die 60er-Jahre konnte Jones' Fonds eine beeindruckende Entwicklung verzeichnen und schlug die besten traditionellen Anlagefonds von 1956 bis 1966 um 87 Prozent. Jones' Erfolg und die damit verbundene Publizität bescherten den Hedge Fonds während der 60er-Jahre eine Periode großen Wachstums. Gegen Ende dieser Dekade war der Markt auf circa 200 bei der Securities and Exchange Commission (SEC) registrierte Hedge Fonds angewachsen. Das in der Branche verwaltete Vermögen stieg auf US$ 2 Mrd. Diese Entwicklung fand jedoch zu Beginn der 70er-Jahre ein abruptes Ende. Viele Hedge Fonds Manager gingen aufgrund des vorangegangenen Bullenmarktes mit hoher Hebelung in den Long-Positionen und geringer Absicherung in die Baisse-Phasen 1971 und 1973/1974. Die zu Beginn des Jahres 1968 bei der SEC registrierten 28 größten Hedge Fonds verloren bis Ende des Jahres 1970 siebzig Prozent ihres verwalteten Vermögens. Fünf Fonds wurden ganz aufgelöst. Unter den Hedge Fonds Managern, deren Fonds die Krise überstanden, befanden sich unter anderem George Soros und Julian Robertson, die aufgrund der guten Wertentwicklung ihrer Hedge Fonds maßgeblich daran beteiligt waren, dass die Branche ab der zweiten Hälfte der 80er-Jahre eine Renaissance erlebte. Ein Artikel im Finanzmagazin *Institutional Investor* über die mehr als 40 prozentige jährliche Wertsteigerung des von Julian Robertson seit 1980 gemangten *Tiger Fund* führte ab 1986 zu einem positiven Wachstum der Hedge Fonds Branche. Viele neue Fonds wurden aufgelegt und die positive Performance vieler Hedge Fonds ließen das Anlagevolumen bis 1993 ständig ansteigen. Nachdem der unerwartete Anstieg des amerikanischen Zinsniveau 1994 bei vielen Hedge Fonds zu massiven Verlusten führte, konnte sich die Branche in den Folgejahren erholen und wieder massive Kapitalzuflüsse verzeichnen. Auch die Liquiditätskrise eines der größten weltweit agierenden Hedge Fonds LTCM (Long Term Capital Management), dessen Manager 1998 vor allem durch die Russlandkrise massive Verluste offen legen mussten, konnte diesen Trend nicht umkehren. Das in Hedge Fonds investierte Vermögen hat sich seit 1998 verdreifacht. Das von Hedge Fonds verwaltete Vermögen beträgt derzeit mehr als 800 Mrd. US-Dollar, die Nettomittelzuflüsse im Jahr 2003 betrugen 80 Mrd. US-Dollar. Weltweit gibt es mehr als 7000 Hedge Fonds.

Abbildung 1

Anzahl globaler Hedge Fonds

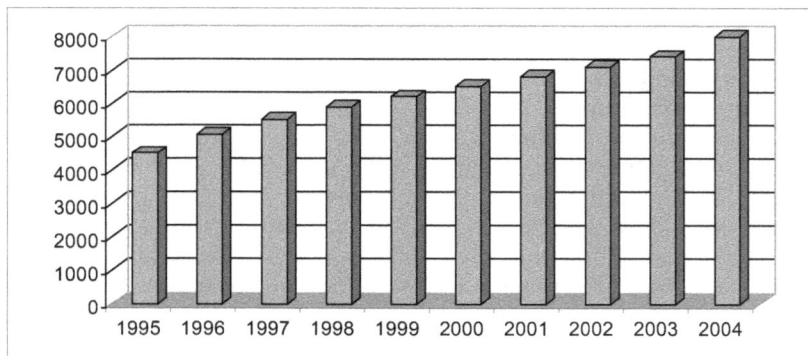

Abbildung 2

Anlagevolumen in Hedge Fonds

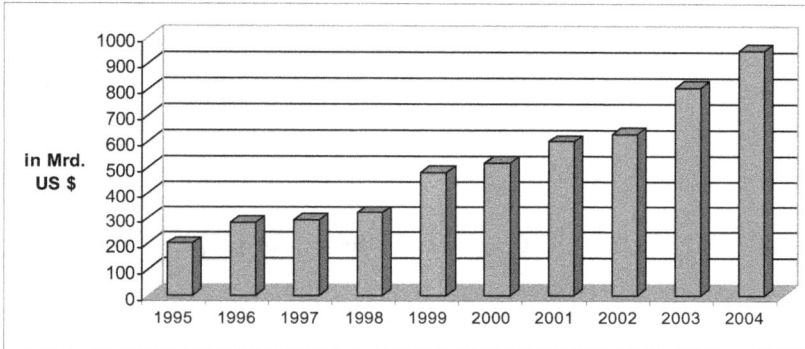

Definition

Hedge Fonds fallen in die Klasse „nicht-traditioneller" oder „alternativer" Anlagen. Diese zielen auf eine positive Wertentwicklung in jedem Marktumfeld. Sie orientieren sich nicht an Vergleichsindizes, sondern zielen auf eine absolute Rendite. Zu den nicht traditionellen Anlagen zählen beispielsweise:

- Hedge Fonds

- Private Equity und Venture Capital

- Anlagen in Papiere insolvenzbedrohter Unternehmen

- Investitionen in spezifische Projekte, wie zum Beispiel in die Filmproduktion

Für die Bezeichnung „Hedge Fonds" gibt es keine Legaldefinition. Die finanzwirtschaftliche Bedeutung des englischen Wortes „ to hedge" bezeichnet eine Absicherung einer Investition vor Risiken, wie unerwarteten Zinsänderungen oder Börsenschwächen. Preisrisiken können dabei durch derivative Anlageinstrumente, wie beispielsweise Optionen, abgesichert werden. Hedge Fonds setzen zwar auch Derivate ein, jedoch nicht nur zur Absicherung, sondern im Rahmen ihrer Anlagestrategien zur Erzielung von Gewinnen oder zur Ausnutzung von Arbitragegelegenheiten. Die Bezeichnung Hedge Fonds hat sich als Sammelbegriff für eine heterogene Gruppe von Investmentgesellschaften herausgebildet. In der Literatur lassen sich viele unterschiedliche Definitionen finden. Die Deutsche Bundesbank[3] definiert Hedge Fonds wie folgt:

„Hedge Fonds sind flexibel operierende und ausdrücklich auf ein besonderes Ertragsprofil zielende Anlagegesellschaften, deren Kapitalgeber eine zumeist eng begrenzte Zahl anderer institutioneller Investoren oder sehr vermögender Privatkunden sind und die nur wenigen Regulierungen, vor allem keiner direkten Finanzaufsicht, unterliegen."

Konstruktion deutscher Hedge Fonds

Hedge Fonds lassen sich, ähnlich wie Investmentfonds, in sogenannte Single-Hedge Fonds und Dach-Hedge Fonds unterteilen. Single-Hedge Fonds verfolgen klar definierte Anlagestrategien. In der Regel wird bei der Auflage des Single-Hedge Fonds in den Anlagerrichtlinien festgelegt, welche Anlagestrategie der Fonds ausführen darf, eine nachträgliche Strategieänderung wird nur in Ausnahmefällen vorgenommen und bedarf auf jeden Fall der Information der Anleger, da verschiedene Hedge Fonds Anlagestrategien unterschiedliche Rendite- und Risikoerwartungen aufweisen. Die am häufigsten verfolgten Strategien sind Convertible Arbitrage, Distressed Securities, Equity Market Neutral, Event Driven, Fixed Income Arbitrage, Global Macro, Long/Short Equity und Relative Value.

Dach-Hedge Fonds setzen sich aus verschiedenen Single-Hedge Fonds zusammen. In der Regel verfolgen die vom Dach-Hedge Fonds Manager ausgesuchten Single-Hedge Fonds unterschiedliche Anlagestrategien, da dadurch das Risiko des Dach-Hedge Fonds weiter diversifiziert wird. Neben der Selektion der Single-Hedge Fonds ist der Dach-Hedge Fonds Manager auch für die Überwachung der Single-Hedge Fonds verantwortlich. Entwickeln sich die Rendite- und Risikokennziffern eines im Dach-Hedge Fonds enthaltenen Single-Hedge Fonds unerwartet negativ, so wird dieser vom Dach-Hedge Fonds Manager durch einen anderen Single-Hedge Fonds ausgetauscht.

In Deutschland wurden Hedge Fonds bisher vor allem über kompliziert strukturierte Hedge Fonds Zertifikate angeboten, da ein direktes Investment in Single-Hedge Fonds und Dach-Hedge Fonds gesetzlich verboten war. Die Wertentwicklung dieser Zertifikate orientiert sich an der Performance eines jeweiligen Index, welcher die wiederum die Performance der in ihm enthaltenen Single-Hedge Fonds wiedergibt. Durch diese

Konstruktion kann der Anleger an der Wertentwicklung von Single-Hedge Fonds partizipieren. Hedge Fonds-Zertifikate werden seit dem Jahr 2000 in Deutschland angeboten. Die überwiegende Zahl von Ihnen wird an der Börse gehandelt, wobei die Preisspanne zwischen An- und Verkaufskurs zwischen 3 und 5 Prozent liegt. Privatanleger können diese Produkte dadurch relativ kostengünstig sekündlich, sowohl börslich, als auch außerbörslich, handeln.

Mit dem Inkrafttreten des so genannten Investmentmodernisierungsgesetzes, dass der Bundesrat am 28.11.2003 verabschiedete, dürfen Hedge Fonds auch in der Form von Dach-Hedge Fonds und Single-Hedge Fonds in Deutschland angeboten werden. Gemäß den neuen gesetzlichen Bestimmungen dürfen Hedge Fonds Aktien leerverkaufen und Kreditfinanzierung einsetzen. Privatanleger können ab dem 01.01.2004 in Dach-Hedge Fonds investieren. Ein Investment in Single-Hedge Fonds bleibt nur professionellen Privatanlegern, die sich zuvor über die Risiken von Hedge Fonds ausreichend informiert haben, im Rahmen eines „Private Placements" vorbehalten. Die ersten Dach-Hedge Fonds und Single-Hedge Fonds für Privatanleger dürften sind im Frühjahr 2004 auf den Markt gekommen.

Hedge Fonds – Die Jagd nach Alpha

Während traditionelle Fonds das Ziel haben, eine höhere Rendite als eine bestimmte Benchmark, in der Regel ein Aktien- oder Anleiheindex, zu erzielen, verfolgen Hedge Fonds das Ziel, eine vom allgemeinen Marktgeschehen unabhängige positive Rendite bei gleichzeitig geringem Risiko zu erzielen, weshalb sie auch als „Absolute-Return-Investments" bezeichnet werden. Renditen, die über der Rendite des Marktportfolios liegen, können gemäß des in den 60er- Jahren von Lintner, Mossin und Sharpe auf den Grundlagen der Portfoliotheorie von Markowitz entwickelten Capital Asset Pricing Model (CAPM) nur durch das Eingehen eines zusätzlichen Risikos erreicht werden. Durch das CAPM kann der Erwartungswert der Rendite μ_i des Wertpapiers i wie folgt berechnet werden:

$$\mu_i = r_f + (\mu_m - r_f) \cdot \beta_i \qquad (1)$$

Wobei r_f dem risikolosen Zinssatz, μ_m dem Erwartungswert der Rendite des Marktportfolios entspricht.

Der Betafaktor β_i misst das systematische Risiko eines Wertpapiers i im Verhältnis zum Risiko des Marktportfolios und berechnet sich wie folgt:

$$\beta_i = \frac{\sigma_{im}}{\sigma_m^2} \qquad (2)$$

Wobei σ_{im} der Kovarianz zwischen der Rendite des Wertpapiers i und der Rendite des Marktportfolios und σ_m^2 der Varianz des Marktportfolios entspricht.

Viele wissenschaftliche Untersuchungen, die sich mit der Rendite von Hedge Fonds befassten, haben erkennen lassen, dass Hedge Fonds im vergangenen Jahrzehnt im Vergleich zu Aktien- und Anleihemärkten eine dauerhafte „Überrendite", die als „Alpha" oder als „Skill-Rendite" bezeichnet wird, erzielt haben. Diese kann nicht mit dem CAPM erklärt werden. Des weiteren konnte in zahlreichen Untersuchungen nachgewiesen werden, dass auch die risikoadjustierten Renditen von Hedge Fonds auf Basis des Sharpe-Ratio in der entsprechenden Zeitspanne dauerhaft höher waren, als die risikoadjustierten Renditen traditioneller Investments.

Das Sharpe-Ratio (SR_p) eines Fonds berücksichtigt nicht nur die absolute Rendite eines Fonds, sondern misst die Performance des Fonds im Verhältnis zum eingegangenen Risiko. Mathematisch ausgedrückt entspricht das Sharpe Ratio der annualisierten Rendite eines Fonds (r_p) abzüglich des risikolosen Zinssatzes (r_f), geteilt durch die annualisierte Standardabweichung, also das Risiko, des Fonds (σ_p):

$$SR_p = \frac{r_p - r_f}{\sigma_p} \qquad (3)$$

Durch das Sharpe-Ratio kann die Überrendite eines Investments ausgedrückt werden.

Laut der Effizienzmarkt-Hypothese (EMH) ist eine Generierung von Alpha nicht möglich, da ein Anleger zu keinem Zeitpunkt über eine preisrelevante Information verfügen kann, die nicht bereits in den Kursen enthalten ist. Viele Marktteilnehmer gehen jedoch von abgeschwächten Formen der EMH aus, die auf der Annahme beruhen, dass Marktineffizienzen existieren, die durch Insider, die über Informationsvorsprünge verfügen, ausgenutzt werden können. Informationsvorteile können sich durch einen schnelleren Zugang zu Informationen, bessere Research-

Möglichkeiten, ein besseres Markttiming und statistische Computerana-
lysen ergeben. Oft wird argumentiert, dass Hedge Fonds Manager
Marktineffizienzen durch beschriebene Informationsvorteile ausnutzen
und so dauerhafte „Alphas" generieren können.[4] Zwar verfügen nicht
nur Hedge Fonds Manager über entsprechende Vorteile gegenüber anderen Marktteilnehmern, jedoch können diese aufgrund spezieller Charakteristika der Hedge Fonds Branche besser ausgenutzt werden. Im
nächsten Kapitel werden Hedge Fonds spezifische Merkmale aufgezeigt,
die zu einem Wettbewerbsvorteil gegenüber anderen Marktteilnehmern
und dadurch zur Generierung einer „Überrendite" (Alpha) führen können.

Woher stammt Alpha?

Standort und Rechtsform

Um eine möglichst große Flexibilität bei ihren Anlagemöglichkeiten zu
gewährleisten, wählen Hedge Fonds den Standort, die Rechtsform und
die Kapitalgeber derart, dass sie möglichst wenigen gesetzlichen Einschränkungen durch Regulierungs-, Aufsichts- und Steuerbehörden unterliegen. Aufgrund dessen bevorzugen die meisten Hedge Fonds einen
Unternehmenssitz in einem der so genannten Offshore-Zentren. Abbildung 3 zeigt, dass die meisten Hedge Fonds in den steuerneutralen Ju-
risdiktionen (Bahamas, Bermudas, British Virgin Islands und Cayman
Islands) gegründet werden. Nur 13% aller Hedge Fonds sind nicht in
den USA oder in einem der Offshore-Zentren domiziliert.

Abbildung 3.

Unternehmenssitze von Hedge Fonds

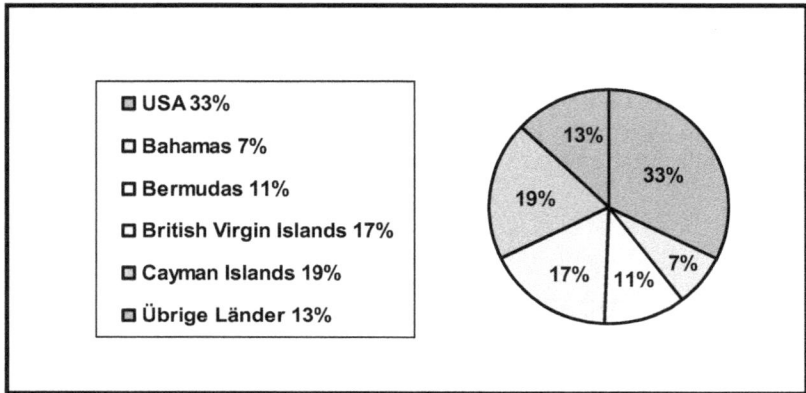

- USA 33%
- Bahamas 7%
- Bermudas 11%
- British Virgin Islands 17%
- Cayman Islands 19%
- Übrige Länder 13%

Während Offshore Hedge Fonds im Allgemeinen als „Corporation" oder als „Unit Trusts" fungieren, werden Hedge Fonds mit Sitz in den USA in der Regel als „Limited Partnerships", die mit einer deutschen Kommanditgesellschaft vergleichbar ist, gegründet, um Bestimmungen des „Securities Act von 1933 (SA 1933)" und des „Investment Company Act von 1940 (ICA 1940)" zu entgehen. Durch den SA 1933 wird das Management eines Investmentfonds unter anderem zur Offenlegung von Informationen über die Absatzpolitik und die Ziele des Fonds verpflichtet. Der ICA 1940 regelt die Struktur und die Tagesgeschäfte von „Investment Companies".[5] Dadurch werden unter anderem Transaktionen wie Leerverkäufe, Marginkäufe und der Einsatz von Optionen untersagt. Limited Partnerships fallen unter gewissen Vorraussetzungen unter die Ausnahmetatbestände des ICA 1940 und des SA 1933. Voraussetzung für das Eintreten der Ausnahmetatbestände ist, dass die Zahl der Anleger gemäß § 3 (c) 1 ICA 1940 auf 99 begrenzt ist, die Anleger „akkreditierte Investoren" sind und gemäß „Regulation D des SEC 1933" kein öffentliches Angebot zum Verkauf der Anteile des Fonds gemacht wird. Seit 1996 ist es gemäß §3 (c) 7 ICA 1940 auch möglich, dass sich bis zu 499 „qualifizierte Anleger" an einer Limited Partnership beteiligen können.[6] Im Februar 2002 hob die SEC dieses Limit vollständig auf. Seitdem kann sich eine unbegrenzte Zahl von „qualifizierten Anlegern" an einer Limited Partnership beteiligen. Die Definitionen für akkreditierte Investoren und qualifizierte Anleger verdeutlichen jedoch, dass sich in den USA de iure jede natürliche Person an einem Hedge Fonds beteiligen kann, eine

Partizipation de facto aufgrund der hohen Mindesteinlagebeträge jedoch nur vermögenden Anlegern offen steht. Ein akkreditierter Anleger muss ein Eigenkapital von US$ 1 Mio. und ein jährliches Einkommen von US$ 200.000, ein qualifizierter Anleger ein Eigenkapital von mehr als US$ 5 Mio. vorweisen können.[7]

In europäischen Ländern hängt die Rechtsform von den rechtlichen Rahmenbedingungen des jeweiligen Landes ab. Es wird jeweils die Rechtsform gewählt, die eine größtmögliche operationale Flexibilität gewährleistet und eine niedrige steuerliche Belastung für die Gesellschaft und den Investor nach sich zieht.

Flexibilität

Hedge Fonds unterliegen, außer freiwilligen Beschränkungen durch das „Offering Memorandum", weder Einschränkungen auf eine bestimmte Anlageklasse, noch auf eine bestimmte Region und agieren dadurch global. Auch Transaktionen an ungeregelten Finanzmärkten sind dabei uneingeschränkt möglich.

Durch die Aufnahme von Krediten wird der Hebel in den eingegangenen Positionen vervielfacht. Man spricht dabei von einem Leverage- Effekt. Insgesamt wird Leverage laut einer Untersuchung von Van Hedge Fund Advisors[8] von 73% aller Hedge Fonds eingesetzt.

Durch den Einsatz von Leerverkäufen und derivativer Anlageinstrumente haben Hedge Fonds Manager die Möglichkeit, sich von der allgemeinen Marktentwicklung zu lösen. Sie orientieren sich daher im Gegensatz zu Investmentfonds nicht an einer Benchmark, sondern werden an ihrer absoluten Rendite gemessen. Die Abhängigkeit vom Markt lässt sich in der Größe „Market Exposure" messen. Diese Kennzahl misst die Differenz von Long und Short Positionen im Verhältnis zum eingesetzten Kapital. Während die Anlagerichtlinien einiger Hedge Fonds die vollständige Eliminierung des Market Exposure vorsehen, diese Fonds werden daher als „Market Neutral Fonds" bezeichnet, liegt das Market Exposure bei den meisten Fonds zwischen Null und 100% des eingesetzten Kapitals.

Gebührenstruktur

Hedge Fonds verlangen vom Anleger eine Managementgebühr und eine wertentwicklungsabhängige Gebühr, die so genannte Performancegebühr. Die Managementgebühr liegt laut Ackermann, McEnally und Ravenscraft[9] bei ca. 1% jährlich. Durch die Performancegebühr profitiert der Hedge Fonds Manager von einem Wertzuwachs des von ihm verwalteten Portfolios. Oft ist die Performancegebühr an eine erwartete Mindestrendite gebunden. Diese ist der Mindestertrag, den ein Manager benötigt, um ein Erfolgshonorar beanspruchen zu können. Die „Mindestrendite" wird auch „Hurdle Rate" genannt. Erzielt ein Hedge Fonds zum Beispiel eine Jahresrendite von 15% und in den Richtlinien des Fonds ist eine Hurdle Rate von 5 Prozent vereinbart, so wird die Performancegebühr je nach Fonds entweder nur auf die Differenz von 10% oder aber auf den vollen Gewinn berechnet. Oft ist die Hurdle Rate an einen Geldmarktindex gebunden. Bei einer Wertentwicklung des Fonds, die unterhalb der Hurdle Rate liegt, wird folglich keine Performancegebühr erhoben. Die Performancegebühr bei in Deutschland angebotenen Produkten liegt zwischen 10 und 20 Prozent.

Viele Fonds implementieren in ihre Gebührenstruktur eine „High Watermark-Bestimmung". Demnach können Manager keine Performancegebühr beziehen bis zuvor erlittene Verluste wieder ausgeglichen wurden. Der kumulierte Ertrag des Fonds muss über der erwarteten Mindestrendite liegen, andernfalls wird keine Performancegebühr fällig. Dadurch wird gewährleistet, dass bei Verlusten des Fonds keine Performance Gebühr fällig wird. Erst wenn zuvor erlittene Verluste wieder ausgeglichen sind und die alten Höchststände übertroffen wurden, kann der Hedge Fonds Manager wieder eine Performance Gebühr verlangen. Kritisiert wird in diesem Zusammenhang, dass die Manager zwar an den erzielten Gewinnen, nicht jedoch an den erlittenen Verlusten partizipieren. Zudem können sie bei einmal erlittenen Verlusten bei Existenz einer High Watermark dazu angehalten sein, die Verluste möglichst schnell durch riskante Investitionen wieder ausgleichen zu wollen, um ein Erfolgshonorar zu erhalten. Dieses den Investor schädigende Verhalten wird zum Teil dadurch eingeschränkt, dass viele Manager als allgemeine Partner einer LP einen Teil ihres Vermögens in den durch sie verwalteten Hedge Fonds investieren und zudem unbeschränkt mit ihrem eigenen Vermögen haften. Mit Hilfe dieser Eigentümergestaltung wird gewährleistet, dass die Manager auch an den Verlusten beteiligt werden, wodurch ein anlegerschädigendes Verhalten reduziert wird. Des weiteren weisen Brown, Goetzmann und Park[10] in ihrer Studie „Careers and Survival" darauf hin, dass der weitere Werdegang eines Hedge Fonds

Managers von seinem „Track Record" abhängt. Dieser gibt Auskunft darüber, wie erfolgreich ein Manager in der Vergangenheit seine Fonds verwaltet hat. Da Hedge Fonds, die über längere Zeit eine schlechte Entwicklung aufweisen, oft geschlossen werden, und der Ruf des Managers und damit sein zukünftiger Werdegang negativ beeinflusst werden, haben Hedge Fonds Manager laut dieser Studie einen Anreiz, hohe Verluste zu begrenzen.

Neben Management- und Performancegebühren werden bei der Emission und Distribution eines Hedge Fonds weitere Gebühren fällig. Neben Gebühren für die Währungsabsicherung werden bei Dach-Hedge Fonds auch „Fund-of-Fund-Gebühren" fällig, die durch die Selektion der einzelnen Hedge Fonds, die im Dachfonds enthalten sind, beim Dachfonds-Manager anfallen und durch den Distributor an den Investor weitergereicht werden.[11] Auch werden bei der Distribution „Front-End-Gebühren" erhoben. Diese werden durch ein Agio oder ein Disagio auf den Ausgabepreis einbehalten und liegen beispielsweise bei deutschen Hedge Fonds Produkten zwischen 3% und 8%.

Kapitalbindung

Viele Hedge Fonds unterbinden einen kurzfristigen Zugriff auf das investierte Kapital der Anleger. Es wird eine Bindungsfrist implementiert, innerhalb derer die Anleger ihr Kapital nach der Investition nicht aus dem Fonds zurückziehen können. Auch eine Kündigungsfrist muss bei den meisten Hedge Fonds eingehalten werden. In der Regel liegt die Kündigungsfrist zwischen 1 und 3 Monaten. Ziel dieser strikten Kapitalbindungsregelungen bei Hedge Fonds ist die Gewährleistung von Flexibilität, vor allem bei Anlagen in illiquiden Positionen und der Schutz des Anlegers vor einer Verschlechterung der Fondsentwicklung durch einen plötzlich einsetzenden Kapitalabfluss. Wird nämlich aufgrund eines exogenen Schocks in kurzer Zeit viel Kapital aus dem Fonds abgezogen, muss der Fondsmanager zunächst die liquiden Positionen auflösen, um Anlegeranteile zurückzuzahlen. Abgesehen von einer Veränderung der Anlagestruktur zuungunsten der noch im Fonds investierten Anleger, könnten weitere Abflüsse dazu führen, dass auch illiquide Positionen aufgelöst werden müssten. Vor allem in Marktturbulenzen können illiquide Positionen jedoch nur zu Preisen, die weit unter dem „fairen Wert" liegen, veräußert werden. Zudem führen die Kapitalbindungsbestimmungen zu geringeren administrativen Kosten, weil der regelmäßige Abfluss kleiner Anlagebeträge aus dem Fonds unterbunden wird. Die Bestimmungen können aufgrund der genannten Gründe einen positiven Einfluss auf die Wertentwicklung von Hedge Fonds haben.

Mindestanlagebeträge

Ein weiteres Merkmal für die Hedge Fonds Branche waren früher hohe Mindestanlagebeträge. Die Spanne der Mindestanlage reichte lange Zeit von rund US$ 50.000 bis zu US$ 10 Millionen.[12] Daher war eine Investition in Hedge Fonds nur sehr vermögenden Privatkunden oder institutionellen Investoren vorbehalten. Vermögende Privatkunden werden von vielen Fondsmanagern bevorzugt, da diese in der Regel einen längeren Anlagehorizont haben und höhere Anlagesummen investieren, als Kleinanleger. Dies führt zu einer Reduktion der administrativen Kosten und zu einer Erhöhung der Flexibilität des Fondsmanagers. Erst in den letzten drei Jahren haben viele Fonds aufgrund zunehmender Konkurrenz und Änderungen der rechtlichen Rahmenbedingungen ihre Mindestanlagebeträge gesenkt. Dadurch soll auch Kleinanlegern eine Partizipation an Hedge Fonds ermöglicht werden. In Deutschland aufgelegte Produkte werden derzeit mit Mindestanlagebeträgen, die zwischen 1.000 und 100.000 Euro liegen, angeboten.

Geringes Risiko?

Niedrige Korrelation zu traditionellen Investments

Die beschriebenen charakteristischen Merkmale von Hedge Fonds bieten Erklärungsansätze für die von Hedge Fonds in der Vergangenheit erzielten „absoluten Überrenditen" im Vergleich zu traditionellen Anlageklassen. Jedoch weisen Hedge Fonds auch hohe risikoadjustierte Renditen im Vergleich zu anderen Anlageklassen auf. Das Sharpe-Ratio basiert auf einer Messung des Risikos anhand der Standardabweichung. Zwar kann das durch die Standardabweichung gemessene Risiko bei einzelnen Hedge Fonds sehr hoch sein, die durch die „Composite Indizes" von Hedge Fonds Datenanbietern ausgewiesenen annualisierten Standardabweichungen sind im Vergleich zu Aktien jedoch gering und weichen nicht stark von dem Risiko von Anleihen ab. Beispielsweise ergab eine jüngst vom „Center for International Securities and Derivatives" durchgeführte Studie, dass die annualisierte Standardabweichung der in dem Evaluation Associates Capital Markets (EACM) 100 Index enthaltenen Hedge Fonds in der Periode von 1990 bis 2002 4.02%, die des MSCI Index 15,08% und die des Lehman Global Bond Index 5,03% betrug. Berechnungen, die auf Basis der Daten anderer Anbieter von Hedge Fonds Datenbanken durchgeführt wurden, ergaben laut Daglioglu und Gupta[13] ähnliche Ergebnisse. Einer der Gründe für dieses im Vergleich zu traditionellen Anlagen auf Basis der Standardabweichung niedrige Risiko liegt in der schwachen Korrelation einzelner Hedge Fonds Indizes untereinander und zu den Aktien- und Anleihemärkten. Aufgrund ihrer Korrelationseigenschaften scheinen Hedge Fonds zur Diversifikation eines Portfolios aus Aktien und Anleihen optimal geeignet.

Portfoliotheorie nach Markowitz

Neben der hohen risikoadjustierten Rendite scheint vor allem der Mehrwert, den Hedge Fonds bei der Beimischung zu einem traditionellen Portfolio generieren, für ein Investment in Hedge Fonds zu sprechen. Eine Anlage stiftet in einem Portfolio dann einen Mehrwert, wenn die risikoadjustierten Renditen verbessert werden. Die theoretischen Grundlagen für diese Aussage liegen in der klassischen Portfoliotheorie von Markowitz und den darauf aufbauenden Untersuchungen von John Lintner.[14]

Gemäß der Portfoliotheorie von Markowitz führt eine Diversifikation eines Portfolios zu einer Reduktion des Portfoliorisikos. Der Diversifikationseffekt stellt sich dann ein, wenn der Korrelationskoeffizient zwischen den einzelnen Anlageklassen kleiner als 1 ist. Die Höhe der Diversifikation ist dabei folglich von der Korrelation der einzelnen Anlagen zueinander abhängig. Das Ziel der Portfoliodiversifikation liegt darin, Anlagen in einem „diversifizierten" Portfolio zu kombinieren, zu dem es bei gleicher erwarteter Rendite kein Portfolio mit geringerem Risiko gibt und zu dem es bei gleichem Risiko kein Portfolio gibt, das einen höheren Erwartungswert verspricht. Wird dieses Ziel erreicht, spricht man von effizienten Portfolios. Die Linie aller effizienten Portfolios wird dabei, wie in Abbildung 4 gezeigt, in einem Rendite-/Risiko- Diagramm abgebildet.

Abbildung 4

Rendite-/Risiko-Diagramm

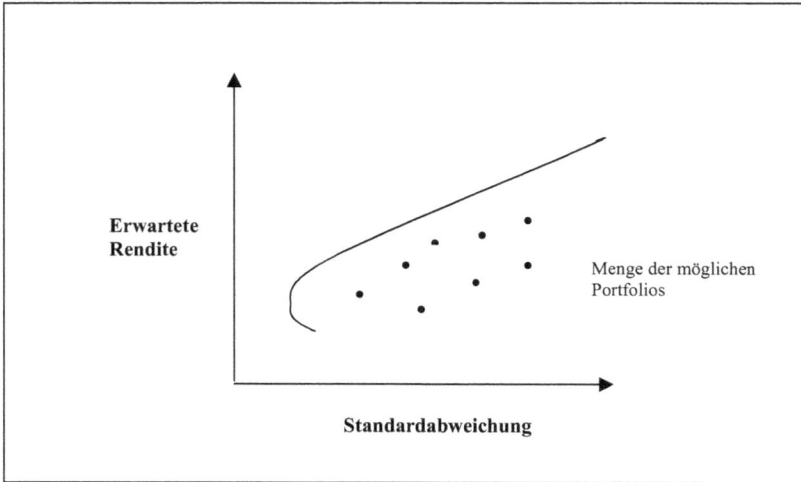

Die Erweiterungen von John Lintner

Auf Basis der Aussagen der Portfoliotheorie untersuchte John Lintner zwischen 1979 und 1982 die Einflüsse von Managed Futures auf ein Aktien- und Anleihenportfolio. Er zeigte anhand des Rendite-/Risiko-Diagramms, dass durch die Beimischung von Managed Futures, die heute in Marktkreisen als eigenständige Unterkategorie von Hedge Fonds gelten, zu einem traditionellen Portfolio, das aus Aktien und Anleihen besteht, ein Mehrwert geschaffen werden kann. Dieser äußert sich durch eine höhere Effizienzlinie, also einer Verschiebung der Effizienzkurve nach links oben wie Abbildung 3 zeigt.

Abbildung 5

Verschiebung der Effizienzkurve durch Hedge Fonds

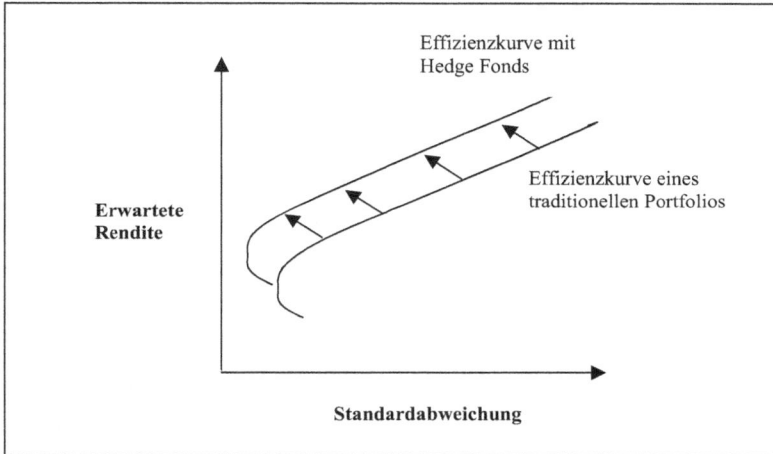

Die Beurteilung von Hedge Fonds auf Basis des Rendite-/Risiko-Diagramms ist weit verbreitet. Es gibt viele wissenschaftliche Arbeiten, die zeigen, wie die Effizienzlinie eines traditionellen Portfolios durch die Beimischung von Hedge Fonds in Richtung besserer risikoadjustierter Renditen verschoben werden kann.[15] Auch die Vertreter der Hedge Fonds Industrie werben auf fast jeder Konferenz und bei Neuemissionen mit entsprechenden Diagrammen für ihre Produkte. Jedoch ist zu bedenken, dass sowohl die risikoadjustierten Renditen, als auch die Vorteile von Hedge Fonds bei einer Portfoliobeimischung, in der Vergangenheit zu positiv dargestellt worden sein könnten, da Hedge Fonds spezifische Risiken, die durch die Standardabweichung nicht adäquat wiedergegeben werden, in den hier dargestellten Modellen nicht berücksichtigt werden. Zudem ist zu hinterfragen, ob die höheren risikoadjustierten Renditen tatsächlich ausschließlich durch „Alpha" generiert werden, oder ob sie eine Kompensation, das heißt eine Risikoprämie für andere Risiken sind.

Klassifizierung und Anlage-strategien

Hedge Fonds Indizes

Aufgrund der Heterogenität der Hedge Fonds Branche existiert eine Vielzahl verschiedener Anlagestrategien. In jeder Strategie sind die vorher beschriebenen Merkmale unterschiedlich stark ausgeprägt, zum Teil nicht vorzufinden oder die Strategie weist weitere charakteristische Merkmale aus. Auch die Rendite-, Risiko- und Korrelationscharakteristika sind von Anlagestrategie zu Anlagestrategie verschieden. Die strategiespezifischen Charakteristika werden sogar nochmals durch die Vorgehensweise des jeweiligen Managers beeinflusst. Insgesamt grenzen sich alle Hedge Fonds Strategien jedoch in ihren Rendite-, Risiko- und Korrelationsmerkmalen von Anlageklassen wie Aktien oder Renten ab und werden deshalb in der Finanzbranche als eigene Anlageklasse angesehen.

Die Hedge Fonds Branche stellt einen der am schnellsten wachsenden Bereiche in der Finanzwelt dar, und es erscheinen kontinuierlich neue Anbieter von Hedge Fonds Datenbanken. Wissenschaftliche Untersuchungen basieren in der Regel auf den Daten von Credit Suisse First Boston/Tremont (CSFB/Tremont) oder Van Hedge (VAN). Zwischen den Anbietern existieren teilweise große Unterschiede bezüglich Qualität und Umfang der zur Verfügung gestellten Daten, sowie der definierten Hedge Fonds Strategien. Anders als bei traditionellen Anlageklassen gibt es kein allgemein akzeptiertes Klassifikationssystem. Da es für die Anlagestrategien keine klaren Definitionen gibt, bietet jeder Anbieter von Hedge Fonds Datenbanken und Indizes eine unterschiedliche Einteilung der Anlagestrategien an. Auch eine weltweit anerkannte Hedge Fonds Benchmark wie bei traditionellen Indizes hat sich daher bisher noch nicht durchgesetzt, da diese aufgrund der absoluten Renditeorientierung in den Augen vieler Marktteilnehmer nicht sehr sinnvoll wäre. In der deutschen Finanzpresse wird in den meisten Beiträgen über die Hedge

Fonds Branche der CSFB/Tremont Hedge Fonds Index zu Vergleichen mit dem Aktienmarkt oder Anleihemarkt herangezogen. Anhand der bei CSFB/Tremont vorgenommenen Indizierung werden im folgenden Kapitel die von Hedge Fonds verfolgten Strategien vorgestellt. Neben CSFB/Tremont haben sich bisher folgende Indexanbieter in der Hedge Fonds Branche etabliert.

Auswahl von Indexanbietern:

- CSFB/Tremont   www.hedgeindex.com

- EACM   www.eacm.com

- FERI (ARIX)   www.feri-alta.de

- MSCI   www.msci.com

- Standard & Poors   www.standardandpoors.com

- VAN Hedge   www.vanhedge.com

CSFB/Tremont

Der CSFB/Tremont Index ist der einzige Index, der versucht, die Performance der Industrie mit einem volumengewichteten Ansatz abzubilden.[16] Der Index bildet neun Anlagestrategien ab. Die Fonds werden vor der Aufnahme in den Index einer Due Diligence unterzogen. Dabei werden nur Hedge Fonds mit einem Volumen von mehr als zehn Millionen Dollar in den Index aufgenommen. Der Index wird anhand der Datenbank bis 1994 zurückberechnet.

Abbildung 6

CSFB/Tremont Hedge Fund Index

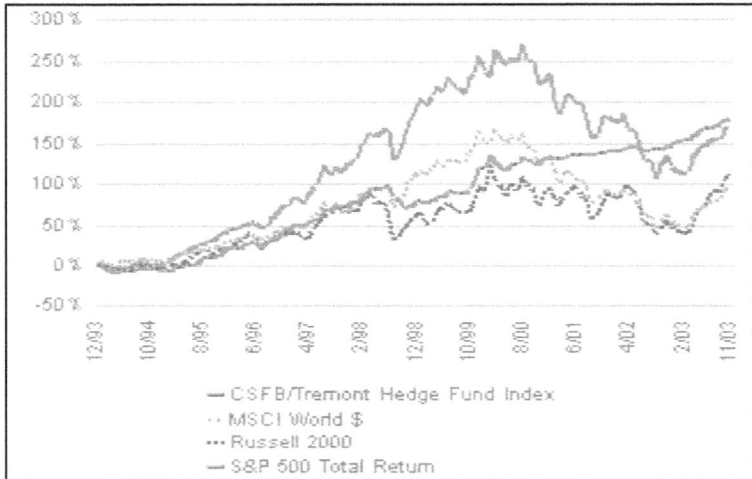

EACM

Evaluation Associates Capital Markets (EACM) veröffentlicht den EACM 100 Index. Dieser bildet die Wertentwicklung von 100 von EACM ausgewählten Hedge Fonds ab. Es wird nicht publiziert, welche Fonds in dem Index enthalten sind, die Selektion der Fonds erfolgt jährlich. Der Index wird bis 1990 zurückberechnet und wurde 1996 erstmals veröffentlicht.

FERI

Der Index ARIX (Absolute Return Investable Index) wird von Feri Alternative Assets veröffentlicht. Der Index enthält mindestens zwölf Managed Accounts Hedge Fonds. Die Fonds müssen dabei täglich ihre Positionen offen legen, ein Volumen von mindestens 50 Millionen Dollar haben und weitere quantitative Kriterien erfüllen, um in den Index aufgenommen zu werden. Die Deutsche Bank AG und die Dresdner Bank AG bieten Indexzertifikate auf den ARIX an.

MSCI

Die Investmentbank Morgan Stanley veröffentlicht neben dem weltweit als Benchmark akzeptierten MSCI World-Index (Morgan Stanley Capital International) den MSCI Hedge Fund Composite Index, der auf 350 Hedge Fonds basiert.

Standard & Poors

Der S&P Hedge Fund Index enthält 40 einzelne Hedge Fonds und ist in die Subindizes Arbitrage, Event Driven und Tactical unterteilt. Die in den Index aufgenommenen Hedge Fonds müssen sich strengen quantitativen und qualitativen Test unterziehen, die zum Teil von Hedge Fonds Consultants durchgeführt werden. Der Anleger kann Mittels eines Zertifikates der UBS in den Index investieren. Die Wertentwicklung des Index lässt sich unter der Internetseite *www.spglobal.com* täglich nachvollziehen.

Van Hedge

Die Datenbank von Van Hedge umfasst insgesamt 3.400 Hedge Fonds, die in 12 unterschiedliche Strategien eingeteilt werden. Die in den Indizes enthaltenen Fonds werden nach qualitativen Kriterien ausgewählt.

Hedge Fonds Strategien

Convertible Arbitrage

Diese Strategie ist spezialisiert auf die Angleichung von Preisineffizienzen bei Wandel- und Optionsanleihen. Wandelanleihen sind festverzinsliche Wertpapiere, die in der Regel von Aktiengesellschaften emittiert werden. Dem Investor wird dabei das Recht zugesprochen, die Anleihe in einem vorher festgelegten Verhältnis in Aktien umzutauschen. Der Investor wird von seinem Umtauschrecht nur dann Gebrauch machen, falls der Aktienkurs bei Ausübung über dem in den Wandelanleihebedingungen vorher festgelegten Tauschkurs liegt. Andernfalls wird er von seinem Optionsrecht keinen Gebrauch machen und die Anleihe wird zu 100 Prozent getilgt. Gewinne erzielen Hedge Fonds Manager dadurch, dass sie Kaufpositionen in als unterbewertet identifizierten Anleihen eingehen und gleichzeitig die Aktien des Anleiheemittenten leerverkaufen. Durch einen Anstieg der der Wandelanleihe zugrunde liegenden Aktie wird in der Summe ein Netto-Gewinn aus der Long-Position in der Anleihe und der Short-Position in der Aktie erwirtschaftet. Dieser Effekt lässt sich vor allem bei tief im Geld liegenden Wandelanleihen beobachten. Es kommt zu einer asymmetrischen Ertragsverteilung. Bei gleichen prozentualen Schwankungen der Aktie partizipiert die Anleihe bei einem Anstieg der Aktie prozentual stärker als bei gleichem Rückgang der Aktie.[17] Es wird versucht, dass Zins-Marktrisiko durch Zinsswaps zu eliminieren, da andernfalls unvorhergesehene Ereignisse, wie etwa starke Schwankungen des Zinsniveaus den Erfolg der Strategie gefährden könnten.

Dieselben Transaktionen werden mit Optionsanleihen durchgeführt, die dem Käufer durch eine Kaufoption das Recht gewähren, später Aktien des Emittenten zu kaufen. Die Identifikation von unterbewerteten Anleihen basiert zum einen Teil auf quantitativen Analysen, wobei beispielsweise optionsbasierte Modelle eingesetzt, um den theoretisch fairen Preis der Anleihe zu bestimmen. Andererseits erfordert die Strategie eine langjährige Erfahrung des Managers, da die erfolgreiche Umsetzung der Strategie auf einer guten Markteinschätzung beruht. Die Anlagestrategie Convertible Arbitrage war in den Jahren 1999 bis 2001 eine der besten Strategien. Seit Mitte 2000 wurden enorme Anlagezuflüsse verzeichnet. Im Jahr 2002 ließen die Geldzuflüsse und die Performance jedoch nach. Das Jahr wurde mit einem Plus von 4,05% abgeschlossen. Damit blieb die Strategie hinter den eigenen Erwartungen zurück. Der Grund dafür lag vor allem in den stark ausgeweiteten „Credit-Spreads" im Sommer des Jahres. Desweiteren litt die Strategie unter einem geringen Volumen an Wandelanleihen und unter dem Zusammenbruch eines der größten Hedge Fonds im Bereich Convertible Arbitrage, dem „Lipper Convertibles LP". Dieser hatte im März 2002 eine Revision seines Vermögens um 40% nach unten und kurz darauf die Schließung des Fonds bekannt gegeben

Dedicated Short Bias

Diese Strategie versucht überbewertete Aktien und Märkte zu identifizieren und durch Leerverkäufe von Aktien oder Indizes von der erwarteten Anpassung an den „fairen Preis" zu profitieren. Es werden zwar auch Kaufpositionen in verschiedenen Aktien als Gegengewicht eingegangen, jedoch bleibt das Portfolio in seiner Nettoposition auf fallende Märkte ausgerichtet. Es lassen sich in dieser Anlagestrategie interessante Entwicklungen feststellen. Während die Strategie in den Jahren steigender Aktienmärkte der Jahre 1998 bis Mitte 2000 enorme Anlagezuflüsse verzeichnete, obwohl die Wertentwicklung negativ war, so lässt sich seit Mitte 2000 ein kumulativer Abfluss an Anlagegeldern beobachten. Diese Entwicklung ist umso erstaunlicher, als die Wertentwicklung der Strategie aufgrund der schwachen Aktienmärkte seit Mitte 2000 eine der besten der Branche darstellt. Im Jahr 2002 konnte sogar eine Rendite von 18% erwirtschaftet werden.[18] Eine Erklärung für dieses Phänomen könnte darin liegen, dass die Anleger die Strategie in den Jahren steigender Aktienmärkte als Absicherung für ihr Portfolio gegen fallende Märkte ansahen und ihre Anlagen während der Baisseperiode von Mai 2000 bis März 2003 aus der Strategie abgezogen haben.

Emerging Markets

Hedge Fonds dieser Strategie investieren in Aktien oder Anleihen aufstrebender Märkte. Dabei wird in erster Linie in die asiatischen Tigerstaaten investiert. Da eine effiziente Risikokontrolle durch den Einsatz von Leerverkäufen oder Derivaten aufgrund gesetzlicher Verbote in diesen Ländern in der Vergangenheit nur eingeschränkt möglich war, weist die Strategie eine hohe Volatilität aus. Im Vergleich zu den entwickelten Märkten sind "Emerging Markets" teilweise immer noch sehr ineffizient und illiquide. Erst in den letzten Jahren zeichnet sich ein Trend zur Marktöffnung in vielen Ländern, vor allem in China ab. Es haben sich verbesserte Verfügungsmöglichkeiten innovativer Finanzinstrumente ergeben. Trotzdem sorgen fehlende Möglichkeiten der Risikokontrolle noch dafür, dass Hedge Fonds in diesen Märkten eine hohes Market Exposure haben. Die Strategie verzeichnet seit Mitte 2001 wieder einen Anlagezufluss. Im Kontext der enormen Verluste, die Hedge Fonds in den aufstrebenden Märkten während der Asien-, Russland und LTCM-Krise erlitten hatten, hatte sich der Wert des Strategieindex fast halbiert und die Anleger zogen ihr Kapital von 1998 bis Mitte 2001 in jedem Quartal zurück. Der Grund für das zurückkehrende Interesse an der Strategie liegt in der positiven Wertentwicklung der Strategie seit April 1999. Der Index konnte seitdem einen Gewinn von ca. 40% erzielen.

Event Driven

Manager, die Event Driven Strategien ausführen, versuchen Preisbewegungen auszunutzen, die durch eine Unternehmensfusion, eine Restrukturierung, eine Liquidation, eine Insolvenz oder andere Spezialsituationen ausgelöst werden. Bei Unternehmensfusionen wird in der Regel in das zu übernehmende Unternehmen investiert. In der Regel gleicht sich der Börsenkurs des Übernahmekandidaten nach der Ankündigung nicht unverzüglich dem Preis des Übernahmeangebotes an. Der Grund dafür liegt darin, dass die Übernahme eventuell doch nicht zustande kommen könnte, da die Kartellbehörde die Übernahme ablehnen könnte oder sich die Unternehmen sich nicht handelseinig werden und die Fusion kurzfristig platzen lassen. Hedge Fonds Manager spekulieren bei dem Investment jedoch auf die Angleichung des Börsenkurses an den Übernahmepreis. Teilweise kann es auch zu weiterer Übernahmeangeboten durch andere Unternehmen kommen, was den Preis der Aktie weiter nach oben treibt. Die Übernahme des deutschen Telekommunikationsunternehmens Mannesmann durch die britische Vodafone ist ein anschauliches Beispiel für enorme Kursgewinne, die bei einem Zielunternehmen einer Übernahme entstehen können. Bei einem Scheitern der Fusion besteht jedoch auch die Gefahr hoher Verluste in den eingegangenen Positionen.

Bei dem Kauf von krisenbehafteten Wertpapieren wird auf eine erfolgreiche Restrukturierung des Unternehmens spekuliert. Diese Strategie fällt bei manchen Datenanbietern unter die spezielle Rubrik „Distressed Securities". Dabei werden Wertpapiere gekauft, die sich im Konkurs befinden oder bei denen eine größere Umstrukturierung notwendig wird. Die Hedge Fonds Manager investieren in diese Unternehmen in der Erwartung einer erfolgreichen Restrukturierung. Oft kommt es bei der Ankündigung von einem Konkurs oder finanziellen Schwierigkeiten zu panikartigen Verkäufen durch Privatinvestoren, was innerhalb kurzer Zeit zu dramatischen Aktienkurseinbrüchen führen kann. Oft kaufen auf diese Strategie spezialisierte Hedge Fonds Manager gerade in diesen Situationen die Aktien des Unternehmens. Sie können die finanzielle Situation des Unternehmens aufgrund ihres Spezialwissens und ihrer Kontakte besser einschätzen als ein außen stehender Investor und warten auf eine Preisangleichung an den von ihnen geschätzten höheren „fairen" Unternehmenswert. Die Umsetzung dieser Strategie basiert nicht auf der Entwicklung des Marktes, sondern auf der richtigen Einschätzung des Zustandes des sich in finanziellen Schwierigkeiten befindenden Unternehmens durch den Hedge Fonds Manager und der Schnelligkeit der Preisanpassung. Verluste von Hedge Fonds Managern, die auf eine schnelle Erholung von Enron und Worldcom gesetzt hatten, zeigen die Risiken von Engagements in diese Strategie. Insgesamt konnte der CFSB Event Driven Index jedoch in den letzten drei Jahren rund 10% pro Jahr zulegen.

Fixed Income Arbitrage

Die Intention dieser Strategie besteht darin, Preisanomalien zwischen unterschiedlichen Zinswertpapieren oder Zinsinstrumenten auszunutzen. Der eingesetzte Hebel ist bei diesen Strategien besonders hoch. Preisanomalien werden durch die Analyse von Zinsstrukturkurven, erwarteten Cash-Flows und Volatilitätsberechnungen ermittelt. Die Analysen sind oft sehr komplex. Deshalb werden manche Wertpapiere von Investoren nicht richtig bewertet und für den Fixed Income Fondsmanager entstehen Investitionsmöglichkeiten. LTCM hatte nach seiner Auflage in diesem Bereich durch das Erkennen von Preisanomalitäten bei amerikanischen, italienischen und russischen Anleihen hohe Gewinne erzielt, später jedoch hohe Verluste erlitten. Die LTCM Krise hatte zur Folge, das aus dieser Strategie bis 2001 Anlagen abgezogen wurden. Seitdem ist das Vertrauen in diese Strategie zurückgekehrt. Die Korrelation zu traditionellen Anlagen ist gering und die Wertentwicklung in den letzten drei Jahren war mit ca. 11% pro Jahr sehr stabil.

Global Macro

Die Global Macro Strategie nutzt Markttrends an den Aktien-, Anleihe-, Währungs- und Warenmärkten aus. Investiert wird dabei in Wertpapiere aller Art. Oft werden auch derivative Anlageinstrumente eingesetzt. Es wird versucht, Marktbewegungen durch makroökonomische Analysen wichtiger politischer und wirtschaftlicher Ereignisse vorherzusagen, und durch die auf Grundlage der Analysen eingegangene Marktpositionierung von einsetzenden Trends zu profitieren. Die Strategie wird oft auch als die „Königsklasse" der Hedge Fonds bezeichnet, da die Manager auf vielen Märkten agieren und in ihren Investmententscheidungen in der Regel nicht gebunden sind. Die bekanntesten Global Macro Manager sind George Soros, Julian Robertson und Michael Steinhardt, die mit ihren Macro Hedge Fonds lange Zeit hohe Gewinne erzielten. Die Schließung des Tiger Funds von Julian Robertson im Jahre 2000 aufgrund der in den Jahren zuvor erlittenen Verluste und die großen Verluste, die der Fonds Steinhardt Partner in den Jahren 1987 und 1994 erlitt, zeigen jedoch, dass eine über Jahre andauernde überdurchschnittliche Performance nicht vor einem massiven Absturz des Fonds in einem Jahr schützt. Seit 1994 hat die Strategie rund 20 Mrd. US-$ an Anlagegeldern verloren.[19] Die Gründe liegen in plötzlichen Verlusten und Schließungen ehemaliger Branchenprimen und darin, dass viele Fonds im Laufe der Zeit soviel Geld verwalteten, dass sie aufgrund ihrer Schwerfälligkeit in engen und volatilen Märkten keine Positionen mehr eingehen konnten, ohne den Marktpreis zu verzerren. Insgesamt zeichnet sich die Strategie durch eine hohe Volatilität aus, die Performance war in den letzten drei Jahren mit einer durchschnittlichen Rendite 20 Prozent pro Jahr überzeugend.

Long/Short Equity

„Long/Short Equity Hedge Fonds" investieren in ein Portfolio aus Long- und Short-Positionen auf Aktien. Bei gleichzeitigem Kauf bzw. (Verkauf) unterbewerteter- bzw. (überbewerteter) Aktien des selben Sektors, man spricht dabei von „Pair Trades", wird durch eine entsprechende Preisangleichung ein Gewinn erzielt. Diese Strategie ist gemäß Tremont[20] die am weitesten verbreitete Strategie. Dieser Stil macht ungefähr 30% aller Hedge Fonds aus und 40 Prozent aller „Assets Under Management" aus. Die Korrelation dieser Strategie zum Aktienmarkt ist relativ hoch. Da die Strategie eher auf steigende Märkte ausgerichtet ist, das heißt der Anteil von gekauften Aktien höher ist, als der der Leerverkauften, hat die Strategie in den letzten drei Jahren keine Gewinne erzielt, konnte die Verluste jedoch auf einstellige Prozentzahlen begrenzen.

Equity Market Neutral

Diese Strategie grenzt sich zur „Long/Short Equity-Strategie" dadurch ab, dass ein möglichst marktneutrales Portfolio gehalten wird. Marktineffizienzen werden durch Long- bzw. Short-Positionen in unterschiedlichen Sektoren ausgenutzt. Häufig wird dabei durch Kreditaufnahme ein hoher Hebel erzielt. Die Wertentwicklung dieser Strategie weist stetig nach oben und erreichte in den letzten drei Jahren ca. 15% p.a..[21] Daher kann die Strategie auch stetig zunehmende Anlagegelder verzeichnen.

Managed Futures

Unter Managed Futures versteht man die professionelle, vielfach globale und aktive Vermögensverwaltung über so genannte Commodity Trading Advisors (CTA) verschiedener Asset-Klassen unter Verwendung börsengehandelter Futures. Man unterscheidet dabei zwischen systematischen CTA und diskretionären CTA. Erstere verwenden einen technischen Ansatz aus Chartanalyse und statistischen Modellen. Die Überwachung und die Anlageentscheidungen erfolgen auf Basis dieser Modelle. Diskretionäre CTA nutzen zwar auch entsprechende Modelle, die Anlageentscheidungen basieren jedoch auf der Markteinschätzung des Managers. Die Strategie „Managed Futures" weist hohe Ertragsschwankungen auf, denn sie ist auf dauerhafte Trends angewiesen. Bildet sich ein nachhaltiger Trend heraus und wird dieser rechtzeitig erkannt, werden oft hohe Gewinne erzielt. Treten die erwarteten Trends jedoch nicht ein, werden Verluste erzielt, die in der Regel klein sind, da enge Stopp-Loss Marken gesetzt werden. Eine gute Jahresperformance wird daher teilweise durch einen guten Monat erzielt, obwohl in den restlichen Monaten Verluste angefallen sind. In Deutschland macht zur Zeit das systematisch gemanagte Hedge Fond Produkt der Anlagegesellschaft Quadriga durch eine außerordentlich gute Wertentwicklung auf sich aufmerksam. Hohe Verlust in einzelnen Monaten, wie zum Beispiel im Mai 2003, zeigen jedoch, dass auch computergestützte Managed Futures plötzlich hohe Verluste erleiden können, falls ein Trend falsch eingeschätzt wird und die Positionen nicht rechtzeitig glattgestellt werden.

Investmentmodernisierungsgesetz 2004

Inländische Hedge Fonds

In Deutschland bestanden bis zum Inkrafttreten des Investmentmodernisierungsgesetzes am 01.01.2004 zum Schutz des Kapitalmarktes und des Anlegers regulatorische und steuerliche Erschwernisse für Anbieter und Nachfrager von Hedge Fonds. Sollte ein „regulierter Investmentfonds" im Rahmen der Bestimmungen des deutschen Investmentrechts zwecks der Umsetzung von Hedge Fonds Strategien gegründet werden, war zunächst das Gesetz über Kapitalanlagegesellschaften (KAGG) von zentraler Bedeutung, das den Betrieb und die Investmentpolitik deutscher Kapitalanlagegesellschaften (KAGs) regelte. Laut Definition sind „Kapitalanlagegesellschaften Kreditinstitute, deren Geschäftsbetrieb darauf gerichtet ist, bei ihnen angelegtes Geld im eigenen Namen für gemeinschaftliche Rechnung der Einleger nach dem Grundsatz der Risikomischung in den gemäß KAGG zugelassenen Vermögensgegenständen in Form von Geldmarkt-, Wertpapier-, Beteiligungs-, Investmentfondsanteil-, Grundstücks-, Gemischten Wertpapier- und Grundstücks- oder Altersvorsorge-Sondervermögen anzulegen und über die sich hieraus ergebenden Rechte der Anteilsinhaber Urkunden auszustellen."[22] Die sich daraus und aus weiteren Artikeln des Gesetzes ergebenden Anlagebeschränkungen waren für die Umsetzung der von Hedge Fonds verfolgten Strategien teilweise sehr problematisch. Die Anlagebeschränkungen sahen unter anderem vor:[23]

1. Dass das Fondsvermögen zu mindestens 90% aus börsennotierten Wertpapieren bestehen muss.

2. Der Erwerb von Finanzinstrumenten wie Derivaten nur bei Zulässigkeit des den Instrumenten zugrunde liegenden Basiswertes für das Sondervermögen erlaubt ist.

3. Zwecks Risikostreuung dürfen maximal 5% des Sondervermögens in Wertpapiere eines Ausstellers angelegt werden.

4. Eine Beschränkung der Aufnahme von Fremdmitteln auf maximal 10% des Fondsvermögens.

5. Dass Leerverkäufe nicht zulässig sind.

Nicht erlaubt waren demnach Investments in Kreditderivate und Leerverkäufe von Wertpapieren. Damit waren Strategien, die auf einem nicht begrenzten Einsatz von Derivaten, hoher Kreditaufnahme und dem Einsatz von Leerverkäufen beruhten in Deutschland nicht darstellbar. Einzelne Strategien, wie beispielsweise Equity Arbitrage und Fixed Income ließen sich hingegen grundsätzlich darstellen, denn diese Strategien beruhten auf einer Kombination von Wertpapieren und mit diesen korrelierenden Derivaten. Der Gesetzgeber hatte aufgrund des Anlegerschutzes folglich die Entscheidungs- und Anlagemöglichkeiten für Fonds Manager eingeschränkt. Eine Umsetzung von Hedge Fonds Strategien über von inländischen KAGs verwaltete Sondervermögen schied daher mit Ausnahme der genannten Möglichkeiten aus. Für den Privatanleger bestand jedoch seit dem Jahr 2000 die Möglichkeit, über so genannte strukturierte Produkte, die von deutschen Banken angeboten werden, in Hedge Fonds zu investieren.

Ausländische Hedge Fonds

Nach ausländischem Recht errichtete Hedge Fonds unterlagen den Bestimmungen des Auslandsinvestmentgesetzes (AIG), falls es sich um ausländische Investmentanteile handelte. Ausländische Investmentanteile sind Anteile an einem ausländischem Recht unterstehenden Vermögen aus Wertpapieren, verbrieften Forderungen aus Gelddarlehen, Einlagen oder Grundstücken, das nach dem Grundsatz der Risikomischung angelegt ist.[24] Ausländische Hedge Fonds, die den Bestimmungen des Auslandinvestmentgesetz unterlagen, durften in Deutschland nur dann öffentlich angeboten werden, wenn sie eine Vertriebszulassung in Deutschland hatten. Ein ausländischer Fonds konnte in Deutschland jedoch nur zugelassen werden, wenn dessen Vertragesbedingungen bzw. Satzung vorsahen, dass bestimmte Regeln bei der Vermögensanlage zu befolgen sind. Diese Regeln deckten sich größtenteils mit den schon beschriebenen Regelungen für deutsche KAG's. So durften keine Leerverkäufe getätigt werden und Geschäfte mit derivativen Finanzinstrumenten waren nur eingeschränkt möglich. Ausländische Hedge Fonds, die in Deutschland eine Vertriebszulassung oder eine Zulassung an der Börse erlangten, wurden als „weiße Fonds" bezeichnet, und konnten ihre Erträge teilweise steuerfrei an ihre Anleger ausschütten.[25] Ähnlich wie bei deutschen KAG's war eine Vertriebszulassung jedoch nur bei marktneutralen Strategien möglich. Für eine Börsenzulassung war die Anlagepolitik des Fonds zwar grundsätzlich unbeachtlich, diese berechtigt jedoch nicht zum öffentlichen Vertrieb der Anteile in Deutschland. Investments in ausländische Hedge Fonds, die dem Auslandsinvestmentgesetz unterlagen und in Deutschland nicht zum Vertrieb oder Börsenhandel zugelassen waren, waren für den deutschen Investor jedoch aus steuerlichen Gründen nachteilig. Investierte ein inländischer Investor in Fonds, die keine Zulassung und Börsenregistrierung in Deutschland besitzen (sog. „schwarze Fonds"), wurde eine Strafbesteuerung fällig. Diese betrug 90% der Wertsteigerung des Investments in jedem Kalenderjahr, mindestens jedoch 10% des letzten im Kalenderjahr festgesetzten Net Asset Value (NAV). Zusätzlich waren alle kalenderjährlich erfolgten Ausschüttungen und 20% des Verkaufserlöses zu besteuern.[26] Diese nachteilige steuerliche Behandlung konnte dadurch gemildert werden, dass zumindest ein deutscher Steuervertreter bestellt wurde („graue Fonds"). Die Erträge aus einem grauen Fonds unterlagen keiner Strafbesteuerung, waren aber grundsätzlich voll zu versteuern. Aufgrund der bis Ende des Jahres 2003 in Deutschland geltenden steuerlichen Regelungen und der fehlenden Möglichkeiten des direkten Vertriebs von Hedge Fonds, waren deutsche Privatinvestoren kaum direkt in diesen Produkten investiert. Durch die Novellierung des deutschen Investmentrechtes, wird sich die Partizipation an ausländischen Hedge Fonds für den deutschen Privatanleger vereinfachen.

Änderung der rechtlichen Lage für Hedge Fonds ab 2004

Im März 2003 wurde durch den Bundesfinanzminister ein Eckpunktepapier zum Finanzmarktförderplan 2006 vorgelegt, dass im Rahmen einer Neuregelung des deutschen Investmentrechtes die Schaffung eines gesetzlichen Rahmens für Hedge Fonds in Aussicht stellte. Bereits der erste Entwurf verhieß der neuen Anlageklasse große Freiräume, die im Laufe des Gesetzgebungsverfahrens sogar noch ausgeweitet wurden.

Das so genannte Investmentmodernisierungsgesetz, dass am 01.01.2004 in Kraft tritt, wurde Anfang November 2003 vom deutschen Bundestag verabschiedet und passierte am 28. November 2003 auch den Bundesrat. Das Gesetzeswerk ist in ein Investmentgesetz (InvG) und ein Investmentsteuergesetz (InvStG) unterteilt. In- und ausländische Fonds werden zukünftig in einem Gesetz geregelt. Das Investmentgesetz regelt sowohl die Auflegung inländischer Fonds, als auch den öffentlichen Vertrieb ausländischer Fonds. Das Investmentsteuergesetz enthält die steuerlichen Vorschriften des Auslandsinvestmentgesetzes und des KAGG. Die Besteuerung von inländischen und ausländischen Fonds und die an sie gestellten Informationsanforderungen werden in dem Gesetz gleichberechtigt geregelt.

Das Investmentmodernisierungsgesetz bildet gleichzeitig die gesetzliche Grundlage für die Zulassung von Hedge Fonds als Fondskonstruktion in Deutschland. In Kapitel 4 des Gesetzes wird die rechtliche Zulassung und Regulierung von Hedge Fonds, die im Gesetz als „Sondervermögen mit zusätzlichen Risiken" bezeichnet werden, geregelt. Durch das Gesetz trägt das Bundesfinanzministerium der weit fortgeschrittenen Entwicklung alternativer Investments insbesondere im angelsächsischen Finanzmarkt Rechnung. Auch in anderen europäischen Ländern wurden die Rahmenbedingungen für Hedge Fonds modifiziert bzw. neu erlassen. Die französische Börsenaufsicht teilte beispielsweise im Mai 2003 mit, Investments in Hedge Fonds für private und institutionelle Anleger noch im Jahr 2003 zuzulassen. Den Investoren stünde dann eine Anlage sowohl in Offshore-Fonds, als auch in Frankreich ansässige Hedge Fonds offen. Bis Ende des Jahres 2003 konnten Hedge Fonds Produkte in Deutschland nur über Umwege für den Privatanleger zugänglich gemacht werden, durch das Investmentmodernisierungsgesetz kann der Privatanleger ab dem 01.01.2004 direkt in Hedge Fonds investieren. Die großen Fondsgesellschaften bereiten bereits entsprechende Produkte für den Privatanleger vor. Die ersten Produkte werden allerdings wohl erst im Frühjahr 2004 angeboten werden, da der Gesetzestext erst Mitte Dezember 2003 veröffentlicht wurde und die Produkte daraufhin angepasst und die Zulassung beantragt werden muss. Bis zur Auflage der ersten auf dem neuen Gesetz basierenden Hedge Fonds kann der Privatanleger lediglich in die seit mehreren Jahren in Deutschland angebotenen strukturierten Hedge Fonds Produkte, vor allem Hedge Fonds Zertifikate, investieren.

Investmentmodernisierungsgesetz 2004

Rechtliche Zulassung von Hedge Fonds

Durch das Investmentmodernisierungsgesetz werden Hedge Fonds, die von Kapitalanlagegesellschaften verwaltet und im Gesetz als „Sondervermögen mit zusätzlichen Risiken" bezeichnet werden[27], in Deutschland erstmals zugelassen. In den Vertragsbedingungen des Fonds muss entweder die Möglichkeit für Leerverkäufe oder die Möglichkeit der Steigerung des Investitionsgrades des Fondsvermögens über die Aufnahme von Krediten oder den Einsatz von Derivaten, damit dieser unter die Bestimmungen für „Sondervermögen mit zusätzlichen Risiken" fällt und sich damit als Hedge Fonds bezeichnen darf. Laut gesetzlicher Definition unterliegt ein entsprechender Fonds im Rahmen seiner Anlagestrategien keinen Beschränkungen bei der Auswahl der Vermögensgegenstände, die das Gesetz für Investmentfonds oder andere Fonds-Arten vorsieht. Die erwerbbaren Vermögensgegenstände sind daher Wertpapiere, Geldmarktinstrumente, Derivate, Terminkontrakte auf Waren, Bankguthaben, stille Beteiligungen, Anteile an in- und ausländischen Investmentfonds, Edelmetalle und Unternehmensbeteiligungen. Eine Anlage von mehr als 30% des Hedge Fonds Vermögens in Unternehmensbeteiligungen, die nicht an einer Börse zugelassen oder nicht in einem organisierten Markt gehandelt werden, ist untersagt. Ein von einer Kapitalanlagegesellschaft gemäß genannter Richtlinien aufgelegter Hedge Fonds darf nicht öffentlich vertrieben werden.

Dach Hedge Fonds für Privatanleger

Dach-Hedge Fonds, die im Gesetz als „Dach-Sondervermögen mit zusätzlichen Risiken" bezeichnet werden, dürfen öffentlich an den Privatanleger vertrieben werden. Diese Dach-Hedge Fonds dürfen selber keine Leerverkäufe tätigen oder Leverage durchführen. Dach-Hedge Fonds investieren das Ihnen überlassene Fondsvermögen in vom Dach-Hedge Fonds Manager ausgewählte Single-Hedge Fonds. Dabei müssen Risikovorschriften eingehalten werden. Diese sehen unter anderem vor, dass maximal 49% des Dachfonds- Vermögens in Bankguthaben und Geldmarktpapieren gehalten werden darf. Zudem sieht das Gesetz vor, dass maximal 20% des Vermögens in einen Single-Hedge Fonds investiert werden darf. Des weiteren dürfen nicht mehr als zwei Single-Hedge Fonds von dem gleichen Emittenten oder Fondsmanager verwaltet werden. Der Dach-Hedge Fonds darf sowohl in inländische als auch in ausländische Single-Hedge Fonds unter Beachtung der zuvor genannten Richtlinien und folgenden Beschränkungen investieren. Erstens darf nicht in ausländische Single-Hedge Fonds investiert werden, die in Staaten ansässig sind, die bei der Bekämpfung der Geldwäsche nicht im Sinne internationaler Vereinbarungen kooperieren. Zweitens müssen die Vermögensanteile des ausländischen Single-Hedge Fonds von einer Depotbank oder einer vergleichbaren Institution verwahrt werden.

Vorschriften zum Anlegerschutz

Die Vorschriften zur Reduzierung des Anlegerrisikos sehen zudem vor, dass die Gesellschaft, die den Dach-Hedge Fonds verwaltet, sicherstellen muss, dass ihr sämtliche für die Anlageentscheidung notwendige Informationen über die Single-Hedge Fonds, in die das Fondsvermögen investiert wird, vorliegen. Insbesondere müssen unter anderem die Jahres- und Halbjahresberichte, die Verkaufsprospekte, Informationen über das Management und die Anlagepolitik, und Angaben zum Einsatz von Leverage und Leerverkäufen der Single-Hedge Fonds vorliegen. Die Single-Hedge Fonds müssen insbesondere fortlaufend überwacht werden, wobei in erster Linie auf die Einhaltung allgemein anerkannter Risikokennziffern geachtet werden muss. Das Management ‚das die Dach-Hedge Fonds verwaltet, und infolgedessen selektiert, in welche Single-Hedge Fonds investiert wird, muss neben der allgemeinen fachlichen Kenntnis für die Durchführung von Investmentgeschäften ausreichende praktische Erfahrung in Bezug auf die Anlage in Hedge Fonds vorweisen können.

Besondere Unterschiede zu Investmentfonds

Im Gegensatz zu herkömmlichen Investmentfonds können die Vertragsbedingungen bei Dach-Hedge Fonds und Single-Hedge Fonds vorsehen, dass der Preis der Fondsanteile nicht täglich, sondern nur zu bestimmten Terminen ermittelt wird. Auch wenn ein Anleger seine Fondsanteile verkaufen will, muss er unter Umständen längere Zeit bis zum nächsten Rücknahmetermin warten. Dieser Rücknahmetermin ist den Vertragsbedingungen des Fonds zu entnehmen. Laut Gesetz muss dem Anleger jedoch mindestens einmal pro Quartal die Möglichkeit gegeben werden, seine Anteile zu verkaufen. Er muss eine Rückgabeerklärung an die Gesellschaft, die seinen Fonds verwaltet, abgeben. Diese Erklärung ist bei Single-Hedge Fonds maximal 35 Tage, bei Dach-Hedge Fonds maximal 100 Tage vor dem in den Vertragsbedingungen festgelegten Rücknahmetermin durch eine unwiderrufliche Rückgabeerklärung abzugeben.

Wie wird der Privatanleger informiert?

Kapitalgesellschaften, die dem Anleger einen Dach-Hedge Fonds anbieten, sind verpflichtet die Vertragsbedingungen und Verkaufsprospekte des Fonds um folgende Angaben zu ergänzen:

1. Der Anleger muss über die Grundsätze, nach denen die im Dach-Hedge Fonds enthaltenen Single-Hedge Fonds ausgewählt wurden, informiert werden.

2. Der Anleger muss über den Umfang des möglichen Erwerbes ausländischer unregulierter Single-Hedge informiert werden. Insbesondere muss der Anleger ausdrücklich darauf hingewiesen werden, dass diese Fonds keiner mit dem Investmentmodernisierungsgesetz vergleichbaren staatlichen Aufsicht unterliegen können.

3. Der Anleger muss über die Anforderungen, die „der Dach-Hedge Fonds" an das Management der Single-Hedge Fonds stellt, unterrichtet werden.

4. Der Anleger muss über den Umfang der Leerverkäufe und der Kreditaufnahmemöglichkeiten der Single-Hedge Fonds und die daraus entstehenden Risiken informiert werden.

5. Der Anleger muss über die Gebührenstruktur der Single-Hedge Fonds und die von ihm zu tragenden Gesamtkosten bei einer Investition in den Dach-Hedge Fonds ausreichend aufgeklärt werden.

Der Anleger muss auf die Rücknahmebedingungen und die Auszahlungsmodalitäten von Anteilen ausdrücklich hingewiesen werden.

Implikationen für den deutschen Markt

Eine Öffnung des deutschen Marktes für Hedge Fonds unter den beschriebenen Voraussetzungen wäre für den Finanzplatz Deutschland ein positives Signal. Bereits seit längerer Zeit wird von Branchenvertretern kritisiert, dass der deutsche Finanzplatz im internationalen Vergleich weiter ins Hintertreffen gerät, da Finanzexperten ins Ausland flüchten und Kapital aus Deutschland abfließt, da in Deutschland unter anderem die Rahmenbedingungen für alternative Investments schlecht seien. Durch das Investmentmodernisierungsgesetz wird ein sehr liberales Marktumfeld für Hedge Fonds geschaffen. Manager deutscher Single-Hedge Fonds haben ähnliche Anlagefreiheiten wie Manager in den so genannten Offshore Standorten. Das Gesetz ermöglicht es Ihnen unter anderem Leerverkäufe zu tätigen und Kreditfinanzierung einzusetzen. Das Bundesfinanzministerium behält sich jedoch vor, in Ausnahmefällen diese Freiheiten einzuschränken. Das Finanzministerium kann den Einsatz von Leerverkäufen und Kreditfinanzierung einschränken, um Missbrauch abzuwenden und um in Krisenzeiten die Stabilität der Finanzmärkte zu gewährleisten.

Der sich durch die Gesetze neu formierende deutsche Hedge Fonds Markt zeichnet sich insbesondere dadurch aus, dass einerseits die Anlagefreiheit für Hedge Fonds sehr groß ist, jedoch gleichzeitig die aufsichtsrechtlichen Bestimmungen deutlich strenger sind als in anderen Ländern. Viele in den Offshore Zentren ansässige Hedge Fonds, die vergleichbare Anlagefreiheiten wie deutsche Hedge Fonds haben, unterliegen keinen oder nur geringen Regulierungen. Die Bestimmungen des neuen Gesetzes sind daher sowohl aus der Sicht der Anbieter, als auch aus der Sicht der Anleger zu begrüßen. Durch die Marktöffnung bieten neben deutschen Fondsgesellschaften auch vermehrt ausländische Anbieter dem deutschen Anleger seit dem Frühjahr 2004 die Möglichkeit, direkt in Hedge Fonds zu investieren. Der Privatanleger kann dann in Dach-Hedge Fonds investieren, dem fachkundigen Privatanleger wird auch ein Investment in Single-Hedge Fonds ermöglicht. Die im Rahmen des Gesetzes neu angebotenen Hedge Fonds bieten damit eine Alternative zu den seit dem Jahr 2000 im deutschen Markt angebotenen Hedge Fonds Zertifikaten bzw. anderen Behelfskonstruktionen. Vor allem die großen deutschen Fondsgesellschaften werden neben ausländischen Anbietern Produkte auf den Markt bringen, die gemäß dem neuen Gesetzestext konstruiert sind. Unter anderem haben bisher die Deutsche Bank Tochter DWS, Pioneer Investments und Unico Asset Management, die zur Union Invetments gehört, Dachfonds Hedge Fonds emittiert. Unter anderem haben die zur Allianz Gruppe gehörende Dit, die Fondsgesellschaft der Sparkasse Deka und Cominvest, die Fondsgesellschaft der Commerzbank, angekündigt, Dach-Hedge Fonds für den deutschen Privatanleger im Laufe des Jahres oder zu Beginn des Jahres 2005 anbieten zu wollen.

Der Privatanleger dürfte von den genannten Veränderungen im deutschen Markt profitieren, da die hohen Gebühren für in Deutschland angebotene Hedge Fonds Produkte aufgrund einer Reduktion der Strukturierungskosten und des steigenden Wettbewerbs fallen könnten und durch die zu erwartenden aufsichtsrechtlichen Maßnahmen die Transparenz der Produkte erhöht werden könnte. Allerdings könnte der zu erwartende Angebotsanstieg jedoch auch negative Implikationen mit sich bringen. Die durchschnittliche Rendite deutscher Hedge Fonds Produkte könnte sich reduzieren, da auch viele junge Anlagegesellschaften ihre Produkte, die zum Teil von unerfahrenen Fondsmanagern gemanagt werden könnten, anbieten werden. Gleichzeitig könnte dadurch die Diskrepanz zwischen guten und schlechten Produkten, die bei Hedge Fonds ohnehin sehr groß ist, steigen.

Hedge Fonds Anbieter und Produkte

Zertifikate

Die bedeutendsten Anbieter von Hedge Fonds Produkten in Deutschland sind deutsche Banken. Diese begannen zu Beginn des Jahres 2000 damit, dem Privatanleger eine Partizipation an Hedge Fonds durch strukturierte Produkte, die sich jenseits der in Kapitel 4 dargestellten Anlagerestriktionen bewegen, zu ermöglichen. 90% aller in Deutschland angebotenen Produkte sind Hedge Fonds Zertifikate. Die erste Platzierung eines Hedge Fonds Zertifikats wurde 1999 von der Landesbank Baden-Württemberg vorgenommen, allerdings konnte sich die kapitalgarantierte Inhaberschuldverschreibung am Markt nicht durchsetzen. Diesem Produkt folgten im Jahr 2000 weitere Emissionen deutscher Banken. Zunächst emittierte die Commerzbank das Zertifikat „COMAS I". Im September 2000 brachte die Deutsche Bank das Produkt „Xavex Hedge Select" auf den Markt. Die Emission, die als die größte Einzelemission eines Hedge Fonds Produktes weltweit gilt, wurde innerhalb weniger Wochen von Privatanlegern in Höhe von 1,8 Mrd. Euro gezeichnet. Die Mindesteinlage bei diesem Produkt betrug 10.000 Euro, wurde jedoch später auf 1.000 Euro gesenkt. Die Emission war von einer großen Marketingkampagne begleitet, und der Erfolg der Platzierung sorgte für Emissionen weiterer Zertifikate durch andere Banken. Als zweitgrößte Emission in Deutschland gilt die Emission des „Dresdner AI Global Hedge" Zertifikates zu Beginn des Jahres 2001. Das Volumen der Emission betrug 750 Mio. Euro. Im Sommer 2001 emittierte auch die Hypo Vereinsbank eine Hedge Fonds Produktreihe für den Privatanleger mit dem Namen „Value Vision".

Inzwischen werden in Deutschland rund 40 Hedge Fonds Zertifikate angeboten, allerdings haben nur ca. 15 Produkte eine vorzuweisende Wertentwicklung von mehr als 2 Jahren. Viele Zertifikate wurden auch von ausländischen Kreditinstituten über deutsche Vertriebspartner oder eigene Tochtergesellschaften auf dem deutschen Markt platziert. Zu den bedeutendsten ausländischen Anbietern zählen die österreichische Gesellschaft Benchmark, die schweizer Finanzdienstleister RMF, MAN, Crédit Suisse und UBS und die französischen Institute Société Générale, BNP Paribas und Crédit Agricole. Tabelle 1 gibt einen Überblick über die gemessen am Volumen der emittierten Produkte aktivsten Hedge Fonds Anbieter in Deutschland.

Tabelle 1

Emissionsvolumen deutscher Hedge Fonds Zertifikate

	Emittent	Produkte	Volumen (Euro)
1	Deutsche Bank	Xavex	1.400 Mio.
2	Dresdner Bank	AI Global Hedge	750 Mio.
3	HypoVereinsbank	Value Vision I & II	320 Mio.
4	Crédit Suisse	BIM I & II	200 Mio.
5	Commerzbank	COMAS I, II & III	200 Mio.
6	Société Générale	SG Hedgeindex	90 Mio.

Im ersten Halbjahr des Jahres 2003 emittieren gleich mehrere Banken neue Hedge Fonds Produkte. Merill Lynch platziert im Sommer ein neues Hedge Fond Zertifikat auf den „Ferro Absolut Return Index". Gemanagt wird dieses Produkt von Kevin Ferro. Dieser hatte sich, bevor er sich selbstständig machte, durch die erfolgreiche Verwaltung der „COMAS Hedge Fonds Produkte" der Commerzbank einen sehr guten Ruf in der Branche erarbeitet. Die MAN Group emittiert im Juni zusammen mit ihrem Vertriebspartner Apano das IP-220-II-Zertifikat für den deutschen Markt. Die Deutsche Bank AG hat im Mai 2003 ein neues Produkt mit dem Namen „DB STARS" erfolgreich am Markt platziert.

Die in Deutschland emittierten Hedge Fonds Zertifikate sind so konstruiert, dass sie nicht den aufgezeigten nachteiligen steuerlichen Folgen (insbesondere dem AIG) unterliegen. Es handelt sich bei den Produkten um so genannte mittelbare Beteiligungsstrukturen. Durch diese Konstruktion wird eine Beteiligung des Investors an einem ausländischem Recht unterliegendem Vermögen ausgeschlossen, denn es handelt sich bei dem Zertifikat um eine Zahlungsverpflichtung der Emittentin, die mit ihrer Bonität für die Erfüllung der an einem Hedge Fonds Index orientierten Zahlungsverpflichtung einsteht. Die Emittentin der Produkte muss dabei eine inländische Gesellschaft sein, normalerweise erfolgt eine Emission über deutsche Grossbanken oder deutsche Tochtergesellschaften großer ausländischer Banken. Die Wertentwicklung der Zertifikate orientiert sich nicht direkt an der Wertentwicklung eines Hedge Fonds Portfolios, sondern an einem von einer unabhängigen Stelle berechneten Index. Der Rückzahlungsbetrag, den der Investor bei der Einlösung der Produkte erhält, leitet sich aus dem Index ab und nicht aus dem Hedge Fonds Portfolio. Die Emittentin ist nur Mittlerin der Wertentwicklung der im Fonds Portfolio enthaltenen Anteile. Der Investment Manager entscheidet dabei zusammen mit dem „Fonds Advisor" über die Zusammensetzung des Index und ist für die Verwaltung der Anteile des Portfolios zuständig. In der Regel sind die Investmentmanager in den USA ansässig. Die Emittentin sichert ihre Verpflichtung aus dem Zertifikat nicht durch ein Investment in das Hedge Fonds-Portfolio ab, sondern schließt eine Vereinbarung mit einem im Ausland ansässigen Unternehmen ab. Diese Absicherung erfolgt normalerweise über einen Total Return Swap. Die Performance des Fonds wird dadurch über ein schuldrechtliches Instrument weitergegeben, was die Anwendung des ehemaligen AIG auf Seiten der Emittentin ausschloss.

Dach Hedge Fonds

Die ersten gemäß dem neuen Investmentmodernisierungsgesetz strukturierten Hedge Fonds sind seit März 2004 auf dem deutschen Markt. Der Anleger kann dabei zwischen drei Dachfonds Hedgefonds wählen. Zunächst emittierte die Deutsche Bank Tochter DWS mit dem Produkt *Hedge Invest Dynamic* einen Dach Hedgefonds, der in verschiedene konzerneigene Single Hedge Fonds investiert. Es folgten Pioneer Investments, die den Dachfonds *HI Pioneer Global Hedge* anbieten und Unico, die den Fonds *Unico AI Multi Hedge Strategy* emittierten. Bei einem Vergleich der angebotenen Produkte fallen die unterschiedliche Gebührenstruktur und die Preisstellung auf. Während die DWS nur einmal monatlich den Nettoinventarwert des Fonds veröffentlicht, werden die Preise der beiden anderen Fonds regelmäßig ermittelt und veröffentlicht. Während die DWS mit ihrem Produkt eine Rendite von zwischen 5 und 8 Prozent pro Jahr erwirtschaften will, strebt Pioneer Investments einen Ertrag von 8 bis 12 Prozent pro Jahr an. Die in dem Dachfonds der DWS enthaltenen Einzelfonds verfolgen die Strategien Global Makro, Relative Value,

Event Driven und Long/Short Equity. Beim Kauf des Fonds wird ein Ausgabeaufschlag von 4 Prozent erhoben, die Verwaltungsgebühr beträgt jährlich 2 Prozent. Sollte der Fonds eine Rendite erwirtschaften, die über der Rendite des Geldmarktes liegt (3-Monats-Euribor), wird eine Performance Fee von 10 Prozent fällig. Bei dem Produkt HI Pioneer Global Hedge wird zunächst keine Performance Fee erhoben und auch die Verwaltungsgebühr ist mit 1 Prozent pro Jahr geringer. Dagegen ist der Ausgabeaufschlag mit 5 Prozent höher, als bei dem Konkurrenzprodukt der DWS. Pioneer Investments investiert zunächst auch nur in eigene Single Hedge Fonds, noch im Laufe des kommenden Jahres sollen jedoch auch Single Hedge Fonds externer Anbieter in den Dachfonds aufgenommen werden. Bei einer Invetition in das Produkt von Unico Asset Management wird ein Ausgabeaufschlag von 6 Prozent erhoben, die jährliche Verwaltungsgebühr beträgt 2,5 Prozent und die Performance Fee 7,5 Prozent, die allerdings nur fällig wird, falls die jährliche Performance des Fonds 5 Prozent übersteigt.

Genussscheine

Neben Hedge Fonds Zertifikaten und dem seit kurzer Zeit möglichen Invetment in Dachfonds Hedgefonds besteht in Deutschland auch die Möglichkeit über Genussscheine in Hedge Fonds zu investieren. Ein Genussschein ist ein Eigenkapitalinstrument, bei dem anleihe- und aktienspezifische Eigenschaften kombiniert werden. Als Eigenkapitalinstrument berechtigen die Genusscheine zu einer Beteiligung an Gewinn und Verlust eines abgegrenzten Unternehmensbereichs der Emittentin und damit, im Gegensatz zu klassischen Fremdkapitalinstrumenten, an einer Nettogewinngröße. Der Zins sammelt sich im Gegensatz zur Anleihe im Kurs des Scheins bis zur Ausschüttung an. Auf dem deutschen Markt hat die Hypo Vereinsbank mehrere Genussscheine für institutionelle Kunden emittiert. Genussscheine für Privatanleger werden von der Firma Quadriga angeboten.

Optionsanleihen

Neben Hedge Fonds Zertifikaten und Genussscheinen besteht auch die Möglichkeit sich durch eine Optionsanleihe an der Anlageklasse Hedge Fonds zu beteiligen. Im April 2000 wurde die Optionsanleihe „Prince" der Vereins- und Westbank für den deutschen Markt emittiert. Diese Anleihe ist ein kapitalgarantiertes Produkt mit einer Laufzeit bis 2006. Optionsanleihen bestehen sowohl aus einer Anleihenkomponente, als auch aus einer Optionskomponente.[28] Die Anleihenkomponente der „Prince Optionsanleihe" besteht aus einem Zero Bond mit sechsjähriger Laufzeit. Durch die Optionskomponente kann der Anleger an der Wertentwicklung eines „Futures Portfolio" partizipieren. Dieses Portfolio setzt sich aus einzelnen Hedge Fonds zusammen, die Managed Futures Strategien verfolgen. Investiert in rund 70 Terminmärkte weltweit und die Fonds werden von 6 in den USA registrierten und staatlich kontrollierten CTA verwaltet. Die CTA werden ständig von dem Investmentmanager, der schwedischen RPM Trading Ltd. überwacht und bei Bedarf ausgetauscht. Durch die geringe Zahl der Verwalter ist die Diversifikation nicht so hoch, wie bei Hedge Fonds Zertifikaten, deren zugrunde liegende Portfolios sich meist aus mehr als 20 Verwaltern zusammensetzen.

Aktiengesellschaften

Grundsätzlich ist es auch möglich, sich durch ein Investment in einer deutschen Kapitalgesellschaft an alternativen Anlageformen zu beteiligen. In Deutschland gab es bis Mitte 2003 erst ein körperschaftlich strukturiertes Anlagevehikel, das Absolute Return Strategien verfolgt. Durch ein Investment in die Copernicus Beteiligungs AG hat der Privatanleger die Möglichkeit, sich über eine Aktie an Hedge Fonds Strategien zu beteiligen. Dabei werden Long-/Short- Strategien in europäischen Aktien verfolgt. Ein entscheidender Nachteil liegt dabei jedoch darin, dass diese Aktiengesellschaften unbeschränkt körperschaftssteuerpflichtig sind. Das auf Ebene der Gesellschaft aus der Anlagetätigkeit erzielte Einkommen ist mit einem Steuersatz von 26,5% zu versteuern. Die Ausschüttungen an die Privatanleger sind bei diesen im Rahmen des Halbeinkünfteverfahrens zur Hälfte steuerpflichtig.[29]

Analyse deutscher Hedge Fonds Produkte

Die durchschnittliche Wertentwicklung der in Tabelle 2 analysierten deutschen Hedge Fonds Produkte lag im Jahr 2002 bei 5,11%[30] und 2003 bei 9,5%[31]. In die Analyse wurden alle in Deutschland im Dezember 2002 angebotenen Produkte, die zumindest einen einjährigen „Track Record" vorwiesen, aufgenommen. Die analysierten Produkte wurden in den Jahren 2000 bzw. 2001 mit einer durchschnittlichen Zielrendite von 14% pro Jahr und einer Zielvolatilität von 6,0% emittiert. Die Zielgruppe dieser Produkte waren vermögende Privatanleger. Der Mindestanlagebetrag lag bei Emission der Produkte zwischen 1000 und 100.000 Euro. Die Produkte wurden aufgrund der Aktienbaisse und zahlreicher Marketingkampagnen erfolgreich am Markt platziert. Die Anbieter warben für ihre Produkte mit dem Argument, dass die den Produkten zugrunde liegenden Hedge Fonds Portfolios eine von der Entwicklung der Aktienmärkte unabhängige hohe Rendite bei gleichzeitig geringem Risiko erzielen würden. Die erhofften hohen Zielrenditen sollten die Privatanleger für die hohen Kosten der Produkte entschädigen.

Nimmt man die bei Emission der Produkte von den Anbietern angegebenen Zielrenditen als Maßstab, so ist die absolute Wertentwicklung deutscher Hedge Fonds Produkte bisher hinter den Erwartungen zurück geblieben. Tabelle 2 zeigt die durchschnittliche Wertentwicklung der einzelnen Produkte in den letzten beiden Jahren.

Wie der Tabelle zu entnehmen ist, konnte der Genusschein der Firma Quadriga in den letzten beiden Jahren die beste Performance erzielen. Jedoch blieb das Produkt im Jahr 2003 hinter der hervorragenden Wertentwicklung des Vorjahres zurück. Die beste Performance erzielte im Jahr 2003 das an der Börse gehandelte Produkt Black&White Master der Firma German Asset Managers, das einen Wertzuwachs von 33,5% aufweist. Das gemessen an der Wertentwicklung zweitbeste Produkt war das von der UBS AG emittierte Hedge Fonds Zertifikat „Global Alpha". Es erzielte eine Jahresrendite von 16%. Die restlichen Produkte verzeichneten eine Performance zwischen 0,05% und 10,31%. Damit konnten alle analysierten Produkte das Jahr 2003 mit einer positiven Performance abschließen.

Tabelle 2

Performance deutscher Hedge Fonds Produkte

	Hedge Fonds Produkt	WKN	Wertentwicklung 2002[32]	Wertentwicklung 2003[33]
1	AI Global Hedge	586888	4,1%	7,5%
2	Alternative Index Zertifikat	753962	-3,0%	9%
3	Black & White Master	686763	0,5%	33,5%
4	Comas II	585779	8%	8,7%
5	Comas Plus B	719497	4,8%	8,8%
6	HVB Value Vision I	593245	-1,4%	4,6%
7	Prince	239035	10%	0,05%
8	Quadriga	630824	39%	10,1%
9	RMF-GAIN	769684	1,5%	5,5%
10	Spaengler Multi Manager	934057	-0,2%	5,7%
11	UBS Global Alpha	788670	-0,4%	16%
12	Vola&Value Mini	686761	-17%	10,3%
13	Xavex Hedge Select	842664	-1,5%	4,3%

Der Grund für die im Vergleich zum Jahr 2002 erheblich verbesserte Wertentwicklung deutscher Hedge Fonds Produkte im Jahr 2003 lag daran, dass manche Strategien im Vergleich zu den vergangenen Jahren günstigere Marktbedingungen vorfanden. Insbesondere das ansteigende Volumen bei Übernahmen und Fusionen und steigende Kurse bei Wandelanleihen sorgten bei den Strategien „Convertible Arbitrage" und „Event Driven" für Kurszuwächse. Auch viele „Global Makro Fonds" und „Managed Futures", die nach der Beendigung des Irak Krieges seit Ende März auf eine anhaltende Erholung der Weltkonjunktur und einen damit einhergehenden längerfristigen Anstieg der Aktienkurse gesetzt hatten, konnten Gewinne von mehr als 15% p.a. verzeichnen. Die beste Performance erzielten Hedge Fonds, die in den „Emerging Markets" engagiert waren. Sie profitierten von einer überdurchschnittlichen Erholung der südostasiatischen Aktienmärkte.

Insgesamt muss berücksichtigt werden, dass die ausgewiesenen Renditen der Produkte ohne die hohen Zusatzkosten für die Währungsabsicherung und das Management der Produkte, die direkt in die Kursentwicklung mit einbezogen werden, noch wesentlich höher lägen. Ausführliche Informationen über deutsche Hedge Fonds Produkte werden für den Privatanleger unter anderem im Internet auf der Seite *www.HedgeFondsDeutschland.de* bereitgestellt

Anbieter von Dach Hedge Fonds

Deutsche Bank/DWS

Die Fondsgesellschaft der Deutschen Bank wird sowohl Single, als auch Dach Hedge Fonds auf den deutschen Markt bringen. Die DWS emittierte bereits den ersten Dach Hedge Fonds nach neuem deutschen Recht, das Produkt *DWS Hedge Invest Dynamic*. Ziel des Produktes ist die Erwirtschaftung positiver Erträge in Verbindung mit einer niedrigen Korrelation zu den Aktien- und Rentenmärkten. Der aktiv gemanagte Dachfonds investiert zunächst in konzerneigene Single Hedge Fonds der DWS Gruppe oder in solche der DB Absolut Return Strategies (DB ARS), dem Hedge Fondsmanager der Deutschen Bank Gruppe mit Sitz in den USA, der die DWS auch bei der Auswahl der einzelnen Zielfonds berät. Die Single Hedge Fonds investieren in die Einzelstrategien Global Makro, Relative Value, Long/Short Equity und Event Driven. Die Auswahl der Zielfonds erfolgt anhand umfassender quantitativer und qualitativer Analysen. Die quantitative Analyse umfasst die Betrachtung historischer Ertrags- bzw. Risikokennziffern und der Stabilität der Erträge in extremen Marktsituationen, sowie die Korrelationen zu anderen Zielfonds. Bei der qualitativen Analyse werden die Managerqualitäten, das Risikomanagement und die Liquidität der Zielfonds untersucht. Angestrebt wird ein Ertrag von 5 bis 8 Prozent pro Jahr, der Ausgabeaufschlag beträgt 4 Prozent. Die pro Jahr fällig werdende Verwaltungsgebühr beträgt

2 Prozent und die Performance Fee liegt bei 10 Prozent der Outperformance gegenüber dem 3-Monats-Euribor Geldmarktzinssatz.

Union Investment/Unico

Die luxemburgische Unico Asset Management ist eine 100 prozentige Tochter der Union Asset Management Holding AG mit Sitz in Frankfurt/Main. Im Mai 2004 erhielt der erste ausländische Dach Hedge Fonds *UNICO AI Multi Hedge Strategy R* durch die Bundesanstalt für Finanzdienstleistungsaufsicht (BaFin) die Genehmigung zum öffentlichen Vertrieb. Ziel des Produktes ist es, sowohl bei fallenden, als auch bei steigenden Märkten eine positive Wertentwicklung zu generieren. Die Emittenten sehen einen wesentlichen Vorteil des Produktes in der breiten Streuung in viele verschiedene Hedge Fonds Strategien. Investiert wird in 20 verschiedene Einzelstrategien aus den Bereichen Relative Value, Equity Hedge, Futures Trading, Opportunistic und Event Driven. Das Management des Fonds erfolgt gemäß einem Managed Account Ansatz. Die Schweizer Partners Group ist für die Auswahl der Zielfonds zuständig. Es werden täglich An- und Verkaufspreise gestellt, wodurch der Privatanleger täglich Anteile kaufen und verkaufen kann. Die Zielrendite des Fonds soll dem langfristigen Niveau der Aktienmärkte entsprechen. Bei der Zielvolatilität wird eine Schwankung von 5 bis 7 Prozent angestrebt.

Pioneer Investments

Die zur Unicredito Gruppe gehörende Gesellschaft Pioneer Investments hat im Mai durch die Bundesanstalt für Finanzdienstleistungsaufsicht (BaFin) die Genehmigung zur Auflage eines Dach-Hedge-Fonds erhalten. Der Fonds trägt den Namen „HI Pioneer Global Hedge I" und wird seit Ende Mai 2004 öffentlich angeboten. Nachdem die DWS im März 2004 das Produkt „Hedge Dynamic Invest" auflegte, folgt damit der zweite in Deutschland angebotene Dach-Hedge-Fonds.

Das Produkt „ HI Pioneer Global Hedge I" wird sich zu Beginn aus fünf einzelnen Hedge Fonds zusammensetzen, die bereits über einen Track Record zwischen zwei und 5 Jahren verfügen und von Pioneer selbst aufgelegt wurden. Im Laufe des nächsten Jahres sollen dann weitere Single-Hedge-Fonds in den Dachfonds aufgenommen werden, wobei diese auch von externen Anbietern stammen können. Der „HI Pioneer Global Hedge I" setzt sich zunächst aus folgenden Einzelfonds zusammen, die jeweils unterschiedliche Strategien verfolgen:

Pioneer Global Opportunities PLC

Der Fonds wurde im April 1999 aufgelegt und verwaltet ein Vermögen von 429 Millionen Euro. Der Fonds verfolgt eine Relative Value-Strategie und nutzt Arbitragemöglichkeiten in den Rentenmärkten. Der Fonds hat eine Management Fee von zwei Prozent und eine Performance Fee von 25%, die jährliche Rendite seit der Auflage beträgt 5,5 Prozent. Gemanagt wird der Fonds von Peter Cripwell und Richard Jarvls. Cripwell war von 1992 bis 1998 für Salomon Brothers in London in den Abteilungen „Bond Portfolio Analysis" und „Fixed Income Derivatives Trading" tätig, bevor er zu Pioneer Alternative Invetments wechselte. Jarvls arbeitete vor seiner Tätigkeit für Pioneer bei Credit Suisse First Boston (Fixed Income Trading Group) und Schröder Salomon Smith Barney (Fixed Income Customer Derivatives Desk.

Pioneer Global Macro

Die Auflage des Fonds „Pioneer Global Macro" Fonds erfolgte im Januar 2001. Der Fonds verwaltet ein Vermögen von 46 Millionen Euro, verfolgt eine Global Macro Strategie und verfügt über eine Management-Gebühr von zwei Prozent und eine Perfromance-Fee von 20 Prozent. Die jährliche Rendite betrug bisher 1,21 Prozent. Der Manager des Fonds, Francesco Cavasino, war als Händler für „Banca Intesa" in London und für „Save Comeur SIM" in Mailand als Senior Technical Analyst tätig.

Pioneer Global Equity Arbitrage

Der Fonds wurde am 16.01.2001 gegründet, verwaltet ein Vermögen von 105 Millionen Euro und konnte seitdem eine jährliche Rendite von 1,94 Prozent erzielen. Die Management bzw. Performance Gebühren betragen ebenfalls zwei bzw. 20 Prozent. Gemanagt wird der Fonds von Reza Hadlzad, Renaud Berenguler und Brian Murphy. Hadlzad arbeitete unter anderem für HSBC und BNP Paribas im Bereich „Risk and Merger Arbitrage Trading". Berenguler arbeitete als Market Maker und Händler für Credit Lyonnais Securities in London. Murphy war für die Bank of Ireland im Asset Management Bereich tätig, bevor er sich Pioneer anschloss.

Pioneer Convertible Bond Arbitrage

Die Auflage des Fonds erfolgte am 19.10.2001. Das Fondsvolumen beträgt 160 Millionen Euro. Der Fonds hat eine Management Fee von zwei und eine Performance Gebühr von 20 Prozent. Der Fonds hat bisher eine jährliche Rendite von 6,45 Prozent erzielt. Verwaltet wird der Fonds von Oliver Owen und Greg Baker. Owen verfügt über 15jährige Erfahrung im Handel im Fondsmanagement und im Handel von Convertible Bonds. Er war unter anderem Senior

Convertible Bond Trader für Henry Schröder in London und Head UK Convertible Trader von Credit Suisse First Boston in London. Baker, der im September 2003 für Pioneer tätig ist, war zuvor Händler (Convertible Bond Arbitrage) für einen in Hong Kong ansässigen Hedge Fonds (LIM Advisors) und Daiwa Securities (Proprietary Trading Group) tätig.

Pioneer Long/Short European Equity

Die Auflage dieses Fonds erfolgte am 16.04.2002. Es wird ein Vermögen von 261 Millonen. Euro verwaltet. Die Management-Gebühr des Fonds beträgt zwei Prozent und die Verwaltungs-Gebühr 20 Prozent. Der Fonds erzielte seit seiner Auflage eine durchschnittliche Rendite von 9,56 Prozent und wird von Riccardo Cavo und Andrea Buda gemanagt. Cavo war für Pioneer Investment Management (Head of European Equity Team) tätig, Buda arbeitete für Sanpaolo IMI Asset Management (Head of European Equities) und Bipiemme Gestioni bevor er das Portfolio Management des Fonds übernahm.

Eine Testberechnung von Pioneer hat ergeben, dass das Produkt „HI Pioneer Global Hedge I" in den vergangenen fünf Jahren eine Rendite von 8,8% Prozent pro Jahr erwirtschaftet hätte, bei einem Risiko von unter 3%. Pioneer strebt für das neu emittierte Hedge-Fonds-Produkt zukünftig Renditen von acht bis 12 Prozent pro Jahr an, wobei das Risiko (Volatilität der Rendite) bei bis zu sechs Prozent liegen soll.

Im Gegensatz zu vielen Wettbewerbern verzichtet Pioneer Investments auf eine Performancegebühr. Die Gesellschaft versteht diesen Verzicht als vertrauensbildende Maßnahme bei den Anlegern. Der Ausgabeaufschlag des Produktes beträgt bis zu fünf Prozent, wohingegen die jährliche Verwaltungsgebühr ein Prozent beträgt.

Bei der Auflage des Produktes geht Pioneer eine Kooperation mit der Hansainvest ein, einer Tochtergesellschaft der Signal Iduna Versicherungen. Das neue Hedge-Fonds-Produkt wird dabei von der Hansainvest aufgelegt und gemeinsam mit der Pioneer Fonds Marketing GmbH vermarktet. Hansainvest übernimmt die gesamte Fondsadministration einschließlich der Fondskontrolle, während Pioneer Alternative Investments das Fondsmanagement und Pioneer Fonds Marketing GmbH den Vertrieb verantworten.

Verwaltet wird der Dachfonds vom italienischen Wirtschaftswissenschaftler Giuseppe Ciliberto, der über eine 20jährige Finanzmarkterfahrung verfügt und derzeit für Pioneer Alternative Investments tätig ist. Ciliberto ist für die Auswahl der Single-Hedge Fonds verantwortlich, die im Laufe des nächsten Jahres in den Dachfonds aufgenommen werden. Neben den quantitativen Kriterien wie der Wertentwicklung, der Volatilität und der Liquidität stehen bei diesem Due Dilligence Prozess insbesondere die Qualifikation der Fondsmanager und das Risikomanagement der Hedge Fonds im Vordergrund.

Allianz/Dit

Der zum Allianz Konzern gehörende Fondsmanager Dit beabsichtigt, noch in diesem Jahr zwei Dach Hedge Fonds zu emittieren. Die Produkte sollen als Portfoliobeimischung dienen und bündeln verschiedene Hedge Fonds Strategien.

Sparkasse/DEKA

In der zweiten Jahreshälfte 2004 beabsichtigt die Fondsgesellschaft der Sparkasse, DEKA, einen Multi Strategie Hedge Fonds zu emittieren. Die Gebühren werden sich an den marktüblichen Konditionen orientieren. Die DEKA hat bereits im November 2003 in Kooperation mit dem Hedge Fonds Spezialisten MAN Group das Hedge Fonds Zertifikat Global Hedge Selection emittiert.

Commerzbank/Cominvest

Die Fondsgesellschaft der Commerzbank, Cominvest, beabsichtigt, Mitte des Jahres 2004 einen Dach Hedge Fonds zu lancieren. Dabei soll sowohl in konzerneigene, als auch in konzernfremde Hedge Fonds investiert werden. Die Zielrendite soll bei 10 bis 15 Prozent liegen.

Einzelne Produkte

Deutsche Bank Xavex HedgeSelect

Die Deutsche Bank AG emittierte im Jahr 2000 das Xavex Hedge Select Zertifikat für den europäischen Markt mit einer Laufzeit von 8 Jahren. Das Zertifikat ermöglicht die Partizipation am HedgeSelect Index. Dieser bildet die Wertentwicklung eines von der Deutschen Asset Management verwalteten internationalen Hedge Fonds Portfolios ab. Die Deutsche Bank verfügt mit ihren Experten der Absolute Return Teams in New

York und Frankfurt über umfangreiche Erfahrungen im Bereich „Alternative Investments". Dem Hedge SelectIndex liegen jederzeit mindestens 15 verschiedene Single-Hedge Fonds zugrunde, die aus einer firmeneigenen Datenbank nach quantitativen und qualitativen Richtlinien ausgewählt werden. Das Zertifikat war bei seiner Auflage auf die Strategien Relative Value, Event Driven, Global Macro, Equity Hedge und Short Selling ausgerichtet. Die Informationen über die aktuell im Index enthaltenen Hedge Fonds, sowie der NAV des Produktes werden regelmäßig öffentlich zugänglich gemacht, so dass die Transparenz bei diesem Produkt sehr hoch ist. Das Produkt kann über die Deutsche Bank oder die Börse bezogen werden. Die Geld-Brief Spanne liegt bei rund 5%. Das Zertifikat wird unter der Wertpapierkennnummer 842 664 an der Deutschen Börse gehandelt. Informationen über das Produkt werden unter der Seite *www.xavex.de* angeboten

Dresdner Bank AI Global Hedge

Die Dresdner Bank bietet seit 2001 das AI Global Hedge Zertifikat mit einer Laufzeit bis 2006 im deutschen Markt an. Die Anlageberatung und Vermögensverwaltung übernehmen die nicht hausinternen Spezialisten „Indocam". Depotbank ist die nach dem Recht der Cayman Islands errichtete AI Ltd.. Über das Zertifikat wird in die vier Dach-Hedge Fonds Green Way Limited, Green Way Arbitrage, Green Way Select und Green Way Special Opportunities investiert. Indocam überwacht und überprüft die Strategien und Manager der in den Dach-Hedge Fonds enthaltenen Single-Hedge Fonds. Der Anlageausschuss, der sich aus Mitarbeitern Indocams zusammensetzt, entscheidet in Rücksprache mit der Dresdner Kleinwort Wasserstein über die Gewichtung der Dach-Fonds im Gesamtportfolio. Durch das AI Global Hedge Zertifikat werden fast alle Hedge Fonds Strategien abgedeckt. Das Produkt kann sowohl über die Dresdner Bank, als auch an der Frankfurter Börse unter der Wertpapierkennnummer 586 888 erworben werden. An der Börse liegt der Spread bei rund 5%. Informationen zu dem Produkt sind im Internet unter *www.dresdner.warrants.de* erhältlich.

Hypo Vereinsbank

Die Hypo Vereinsbank emittierte im Jahr 2001 das Value Vision Zertifikat und das Value Vision Protect Zertifikat. Beide Produkte haben eine Laufzeit bis 2009. Die Anlageberatungsgesellschaft ist die firmeneigene Schoeller Capital Management.

Value Vision Zertifikat

Durch das Value Vision Zertifikat partizipiert der Privatanleger an der Wertentwicklung des HVB Value Vision Index. Der Index setzt sich aus vornehmlich amerikanischen Single-Hedge Fonds zusammen, wobei eine Investition in rund 20 Single-Hedge Fonds vorgenommen wird. Investiert wird ausschließlich in Long/Short Equity Hedge Fonds. Die Selektion der Single-Hedge Fonds erfolgt auf Basis einer quantitativen Analyse von 500 Long/Short Equity Hedge Fonds. Die Besten Fonds werden qualitativen Berechnungen unterzogen, auch findet eine persönliche Prüfung der Anlagestrategie der einzelnen Fondsmanager statt. Das Zertifikat kann über die HypoVereinsbank oder die Frankfurter Wertpapierbörse unter der Wertpapierkennnummer 593 245 bezogen werden. Ausführliche Informationen über die alternative Investment Produkte der HypoVereinsbank lassen sich auf den Internetseiten *www.scm.at* und *www.hypovereinsbank.de* finden.

Value Vision Protect Zertifikat

Das Value Vision Protect Zertifikat grenzt sich von dem Value Vision Zertifikat dadurch ab, dass es eine Kapitalgarantie bietet. Die Hypo-Vereinsbank garantiert eine Rückzahlung zum Nominalwert zum Ablauf der Laufzeit. Das Value Vision Protect Zertifikat bildet den Value Vision Protect Index ab, in den im Unterschied zum Value Vision Index eine Kapitalabsicherungsgebühr eingerechnet ist.

BNP Paribas Alternative Index Zertifikat

Die BNP Paribas emittierte über ihre Tochtergesellschaft BNP Paribas Emissions- und Handelsgesellschaft mbH mit Sitz in Frankfurt im Jahr 2001 das Alternative Index Zertifikat (AIZ). Das Zertifikat bildet den GAM 25 Index ab, der von der Global Asset Management Ltd. überwacht und verwaltet wird. In dem Index sind 25 Single-Hedge Fonds enthalten. Die Single-Hedge Fonds werden aus einer 2500 Hedge Fonds umfassenden Datenbank nach quantitativen und qualitativen Gesichtspunkten ausgewählt. Die im Index enthaltenen Hedge Fonds verfolgen überwiegend die Anlagestrategien Fixed Income Arbitrage, Equity Market Neutral, Event Driven und Commodity Trading Advisors. Das Zertifikat kann über die BNP Paribas bezogen werden. Das Produkt wird unter der Wertpapierkennnummmer 753 962 in Frankfurt gehandelt. Weitere Informationen zu dem Produkt erhält der Privatanleger im Internet unter *www.warrants.bnpparibas.com.*

Société Générale Hedgeindex

Das Hedge Fonds Zertifikat SG Hedgeindex wurde 2001 über eine Tochtergesellschaft der Société Générale, die Société Générale Effekten GmbH, emittiert und hat eine unlimitierte Laufzeit. Durch ein Investment in die Zertifikate partizipiert der Anleger an der Wertentwicklung des SG Hedgeindex. Dieser Index wird von der Lyxor Asset Management, einem Tochterunternehmen der Société Générale mit Sitz in Frankreich, verwaltet und zusammengestellt. Es wird in ein Portfolio aus verschiedenen Hedge Fonds investiert. Diese Hedge Fonds werden in der Form „fremdverwalteter Treuhandvermögen", so genannter Managed Accounts, geführt, wodurch die Emittentin eine tägliche Risikobeurteilung der entsprechenden Fonds durchführen kann. Die Zertifikate können über die Société Générale erworben werden, sind aber mittlerweile auch an der Frankfurter Wertpapierbörse unter der Wertpapierkennnummer 711711 handelbar. Informationen zu diesem Produkt kann der Privatanleger im Internet unter der Seite *www.warrants.com* abrufen

Commerzbank Comas I & II

Comas I und II sind die ersten beiden Hedge Fonds Produkte, die die Commerzbank in Deutschland emittierte.

Die Commerzbank emittierte im November 1999 das Hedge Fonds Produkt Comas I für den deutschen Markt. Das Produkt hat eine Laufzeit bis Mai 2005. Das Zertifikat bezieht sich auf die Wertentwicklung des Class A Portfolios der Commerzbank Global Alternatives Limited, Jersey. Das Class A Portfolio setzt sich aus Anteilen an verschiedenen Absolute Return Fonds zusammen. Für die Auswahl und das Management des Portfolios ist die Alternative Investment Strategies Group (Commerzbank Capital Markets Corporation, New York) zuständig. Es wird in 20 bis 25 verschiedene Single-Hedge Fonds investiert, wobei fast alle Anlagestrategien abgedeckt werden. Das Produkt kann über die Commerzbank oder die Börse erworben und verkauft werden. Es hat die Wertpapierkennnummer 353310. Ausführliche Informationen sind im Internet auf der Seite *www.comas.commerzbank.de* erhältlich.

Comas II ist ein Multi Manager Hedge Fonds Zertifikat, das im Januar 2001 emittiert wurde. Underlying ist das Class A Portfolios der AIS Holdings Ltd.,mit Sitz auf den Cayman Island. Das Class A Portfolio setzt sich aus Anteilen an 20 bis 30 verschiedenen Single-Hedge Fonds zusammen. Für die Auswahl und das Management des Portfolios ist ebenfalls die Alternative

Investment Strategies verantwortlich. Es werden nicht mehr als 10% der Einlagen in einzelne Fonds investiert, zudem darf die Gewichtung einer einzelnen Strategie nicht mehr als 30% überschreiten. Die vertretenen Strategien sind Equity Arbitrage, Event Driven, Convertible Arbitrage, Systematic Futures und andere Arbitrage Strategien. Das Produkt wird an der Börse Frankfurt über die Wertpapierkennnummer 585 779 gehandelt. Das Produkt erzielte im Jahr 2002 eine Performance von 8%.[34]

Carl Spängler Multi-Manager

Durch eine Anlage in den Hedge Fonds des österreichischen Bankhauses Carl Spängler, investiert der Anleger in einen luxemburgischen Dach-Hedge Fonds, der wiederum in internationale Single-Hedge Fonds investiert. Anlageberater ist die externe European Investment Managers in Genf, die auch für die Auswahl und Kontrolle der einzelnen Hedge Fonds verantwortlich ist. Der Dach-Hedge Fonds setzt sich aus rund 25 Hedge Fonds zusammen, die die Strategien Relative Value, Event Driven, Long/Short Equity, Global Macro und CTA verfolgen. Das Produkt kann über das Bankhaus Carl Spängler oder die Frankfurter Börse erworben werden. Das Produkt hat die Wertpapierkennnummer 934 057. Ausführliche Informationen sind im Internet unter *www.spaengler.co.at* abrufbar. Zu beachten ist die Steuerpflichtigkeit der Erträge für deutsche Privatanleger, da das Produkt nicht in Zertifikatsform angeboten wird.

Quadriga AG

Im Jahr 1993 wurde die Firma Quadriga von Christian Baha und Christian Halper gegründet. Am 8. März 1996 emittierte die Firma den ersten Hedge-Fonds für österreichische Privatanleger, die Quadriga AG, an dessen Wertentwicklung mittlerweile auch deutsche Privatanleger mittels eines Genussscheines partizipieren können. Seit Januar 2000 bietet die Firma auch einen Futures Fonds an, den QUADRIGA GCT. 2002 genehmigte die US-Börsenaufsicht SEC den Vertrieb von Quadriga Superfunds in den USA. Im Herbst 2002 lancierte Quadriga als erster Hedge-Fonds-Anbieter einen Ansparplan, der den systematischen Vermögensaufbau mit Hedge-Fonds bereits ab 100 EUR monatlich ermöglicht. 2003 wurden die Quadriga Superfunds auch auf dem europäischen Markt eingeführt. Informationen erhält der Anleger auf der Internetseite *www.quadriga.at.*

German Asset Managers

German Asset Managers Group ist eine international tätige Firmengruppe, die das Ziel hat, durch Investments in alternative Anlagestrategien Gewinne mit einem außergewöhnlichen Rendite/Risiko-Profil zu erzielen. Die Unternehmen der German Asset Managers Group entwickeln eigene Anlagestrategien, handeln diese mit eigenem Kapital, sowie beteiligen sich an Unternehmen die außergewöhnlich erfolgreiche Handelsstrategien umgesetzt haben und zu den führenden Unternehmen ihres Bereiches gehören. Die German Asset Managers AG ist Eigenhändler in Finanzinstrumenten. Daneben beteiligt sie sich an einer Reihe von Zweckgesellschaften, die Offshore innovative Handelsstrategien umsetzen. Dies sind unter anderem die GAMAG Black&White Ltd. und die GAMAG Vola&Value Ltd., beide mit Sitz auf den Bahamas. GAMAG Black &White Ltd. hält Beteiligungen an 5-10 Hedge Fonds, die verschiedene aktienorientierte Substrategien umsetzen wie Long/Short-Equity, Equity Market Neutral und Equity Distressed. GAMAG Vola&Value Ltd. setzt in Lizens die von der German Asset Managers AG entwickelte Vola&Value-Strategie um, die das Ziel hat, durch eine Kombination eines Contrarian-Aktienansatzes (Kauf von Aktien mit historisch günstiger Bewertung, Verkauf solcher mit historisch teurer Bewertung) mit den Möglichkeiten von Aktien- und Aktienindexoptionen (speziell Vereinnahmung von Optionsprämien um Zusatzeinnahmen zu generieren und das Risiko zu reduzieren, sowie volatilitätsorientierter Strategien - Kauf von historisch billigen Optionen, wenn eine größere

Bewegung erwartet wird und Verkauf historisch teurer Optionen, wenn eine Beruhigung erwartet wird) eine deutliche Überrendite gegenüber den führenden europäischen Aktienindizes zu erzielen. Beide Gesellschaften werden von German Asset Managers International, mit Sitz auf den Bahamas, geleitet. Informationen über die Firma und die Produkte sind unter *www.gamag.de* erhältlich.

Finanzturbulenzen und berühmte Fondsmanager

George Soros und der Quantum Fund

Der berühmteste Hedge Fonds Manager ist George Soros. Der gebürtige Ungar lernte 1947 das Arbitragegeschäft mit Goldaktien bei der Bank Singer & Friedländer in London. 1957 ging Soros nach New York, wurde US Bürger und arbeitete für verschiedene Brokerhäuser. 1969 kaufte Soros einen Vermögensfonds, den er in Quantum Fund umbenannte. Zum Zeitpunkt des Kaufes verwaltete der Fonds ein Vermögen von 12 Millionen Dollar, bis 1981 stieg das Vermögen auf 381 Millionen Dollar und 1998, auf dem Höhepunkt des Erfolges, verwaltete Soros 23 Milliarden Dollar in seinem Quantum Fund. Die spektakulärsten und werbeträchtigsten Erfolge konnte Soros im September 1992 verzeichnen, als er gegen das britische Pfund spekulierte.

Nachdem Großbritannien 1990 dem europäischen Währungssystem beigetreten war, wurde die Geldpolitik Europas durch die Deutsche Bundesbank bestimmt, die die deutsche Mark durch ihre stabilitätsorientierte Geldpolitik zur Ankerwährung innerhalb des Europäischen Währungssystems gemacht hatte. Nach der Wiedervereinigung verfolgte die Deutsche Bundesbank aufgrund der wirtschaftlichen Situation in Deutschland, insbesondere aufgrund der Befürchtung inflationärer Tendenzen, einen zunehmend restriktiven geldpolitischen Kurs. Während Deutschland im Jahr 1992 einen durch die Wiedervereinigung bedingten wirtschaftlichen Aufschwung verzeichnete, befanden sich die übrigen Länder Europas in einer Rezension. Da die Bedingungen des Europäischen Wechselkurssystems die in das Europäische Währungssystem integrierten Länder veranlasste, den geldpolitischen Kurs des Leitwährungslandes durch Interventionen am Devisenmarkt und Zinsanpassungen nachzuvollziehen, mussten diese die Hochzinspolitik der Deutschen

Bundesbank kopieren, obwohl sich die Länder in einer Rezension befanden. Die Bank of England reagierte auf die restriktive Zinspolitik der Bank of England mit Operationen am Devisenmarkt und mit einer Anpassung des Zinsniveaus, um den Wechselkurs zu verteidigen. Damit agierte die Notenbank Englands gegen den zunehmenden Abwertungsdruck auf das britische Pfund Sterling, der durch Leerverkäufe britischer Banken und einflussreicher Fondsmanager, unter ihnen George Soros, gegenüber der britischen Währung entstand. Soros investierte zum Teil kreditfinanzierte 15 Milliarden Dollar in Leerverkaufspositionen auf das britische Pfund Sterling und in Kaufpositionen auf den US Dollar. Nachdem er die Positionen aufgebaut hatte, verkündete er öffentlich, dass das britische Pfund überbewertet und eine Abwertung unausweichlich sei. Dies veranlasste weitere Marktteilnehmer zum Verkauf der britischen Währung. Zwar versuchte die Bank of England ihre Währung durch den Kauf von britischem Pfund, den gleichzeitigen Verkauf von amerikanischen Dollar aus ihren Devisenreserven und ein Anheben des Zinsniveaus zu stützen, jedoch sorgten die abnehmenden Devisenreserven und der anhaltende Abwertungsdruck auf die Währung dafür, dass die Notenbank das britische Pfund nicht länger stützen konnte. Ende des Jahres 1992 schied Großbritannien aus dem Europäischen Währungssystem aus und das britische Pfund wurde unter einer starken Abwertung gefloatet.

George Soros, der die Abwertung vorhergesehen hatte, verdiente mit den Leerverkaufspositionen auf das Pfund 958 Millionen Dollar und war seitdem einer der bekanntesten Hedge Fonds Manager. Ende des letzten Jahrhunderts verschlechterte sich die Performance des Quantum Fund jedoch. Einerseits erlitt Soros während der Russlandkrise, als der Rubel überraschend abgewertet wurde, erhebliche Verluste, andererseits spekulierte er zu früh auf ein Platzen der Internetblase, die von 1998 bis ins Frühjahr 2000 andauerte. Dabei investierte Soros in den Jahren 1998 und 1999 größtenteils in defensive Wertpapiere und verpasste den rasanten Anstieg der Technologiewerte. Ende des Jahres 1999 und Anfang des Jahres 2000 begann Soros, das Exposure in Technologieaktien zu erhöhen und erlitt mit seinem Quantum Fund schwere Verluste, als die Technologieblase ab Mai 2000 platzte und viele Technologiewerte innerhalb kürzester Zeit die Hälfte ihres Börsenwertes einbüßten. Soros sah sich gezwungen, den Quantum Fund teilweise zu liquidieren und zu reorganisieren, wobei das Management des Fonds zunächst an externe Manager übertragen wurde und erst später wieder intern erfolgte. In den letzten Jahren konnte der reorganisierte Fonds wieder Gewinne erzielen.

Julian Robertson und der Tiger Fund

Einer der berühmtesten Global Makro Hedge Fonds Manager ist Julian Robertson. Nachdem er als Aktienbroker bei Kidder Peabody tätig war, gründete er diverse Hedge Fonds, die die Namen großer Katzen trugen. Seine größten und bekanntesten Fonds trugen die Namen Tiger Fund und Jaguar Fund. Der von Robertson 1980 aufgelegte Tiger Fund erzielte in den ersten 18 Jahren nach seiner Auflage eine jährliche Rendite von 32 Prozent. Ein Investment von 1.000 Dollar hätte sich innerhalb dieser Zeitspanne zu einem Vermögen von mehr als 50.000 Dollar akkumuliert. Das höchste jemals im Tiger Fund verwaltete Vermögen betrug 26 Milliarden Dollar. Nachdem gegenläufige Entwicklungen des japanische Yen dem Tiger Fund 1998 bereits mehrere Milliarden Dollar an Verlusten einbrachten, sorgten die exorbitanten Kursanstiege bei IT-, Telekom-, Biotech- und Internet- Aktien für weitere Verluste, die im März 2000 zur Auflösung des Tiger Fund führten. Der Grund für die Verluste war die Anlagestrategie von Robertson, die auf einer fundamentalen Bewertung von Aktien beruhte. Er verkaufte daher bereits ab Ende 1998 Technologieaktien leer, da sie gemäß fundamentaler Bewertungskriterien als zu teuer erschienen. Da die Technologieaktien jedoch bis Mai 2000 weitere Wertzuwächse verzeichneten, erlitt Robertson bis zu Beginn des Jahres 2000 zweistellige Milliardenverluste in seinem Tiger Fund. Es wird geschätzt, dass sich das im Tiger Fund verwaltete Vermögen von 26 Milliarden Dollar auf 8 Milliarden Dollar reduzierte. Am 30. März 2000 wurde der Tiger Fund mit folgender Begründung aufgelöst. Zwar hatte Robertson, ähnlich wie George Soros, richtig erkannt, dass sich eine Technologie Blase aufgebaut hatte, die jeglicher fundamentaler Bewertung entbehrte, jedoch wurde ihm das Timing seiner Investition zum Verhängnis. Zwei Monate nach der Liquidation des Tiger Fund begann die Baisse an der Technologiebörse Nasdaq, bei der einzelne Aktien über 90 Prozent ihres Börsenwertes verloren.

Michael Bergers Manhattan Investment Fund

Auch der Österreicher Michael Berger spekulierte als Short-Seller gegen die Überbewertung von Internetaktien. Er legte 1996 den Manhattan Investment Fund mit Sitz auf den Britisch Virgin Islands auf. In den Jahren 1997 und 1998 gab die Hedge Fonds Gesellschaft Bergers an, eine Rendite von 12 bzw. 14 Prozent erwirtschaftet zu haben, obwohl der Fonds auf fallende Internetaktien spekulierte und amerikanische Internetaktien vor allem seit August 1998 signifikante Kurszuwächse verzeichneten. Das Vermögen des Manhattan Funds wurde zu Spitzenzeiten mit bis zu 575 Millionen US-Dollar angegeben. Obwohl die Internetaktien weltweit bis Mai 2000 weiter stiegen, betrug das ausgewiesene Vermögen des Manhattan Funds im August 1999 noch 426 Millionen Dollar. Eine Untersuchung der amerikanischen Börsenaufsichtsbehörde SEC brachte zum Vorschein, dass das verwaltete Vermögen zu diesem Zeitpunkt nicht 426 Millionen, sondern nur rund 27 Millionen US-Dollar betrug. Auch die in den Jahren zuvor angegebenen zweistelligen positiven Renditen und die ausgewiesenen Vermögenswerte erwiesen sich als Fälschung. Um die durch den Anstieg der Internetaktien angefallenen Verluste seiner Shortpositionen zu vertuschen, lies Berger dem abwickelnden Broker des Manhattan Funds, der renommierten amerikanischen Investmentbank Bear Stearns und dem Hedge Fonds Administrator, einer Tochtergesellschaft von Ernst & Young, gefälschte Depotauszüge zukommen. Insgesamt wurden die beteiligten Parteien über drei Jahre hinweg durch die Fälschungen betrogen.

John Meriwether und der LTCM

Long Term Capital Management (LTCM) wurde 1994 von John Meriwether mit einem Vermögen von 1,25 Milliarden Dollar gegründet. John Meriwether hatte sich als Händler der Arbitrage Abteilung von Salomon Brothers einen Namen gemacht und gründete mit einigen Partnern, die er unter anderem während seiner Tätigkeit bei Salomon Brothers kennen gelernt hatte, den LTCM Fund. Die bekanntesten Teilhaber des Funds waren die Professoren Myron Scholes und Robert Merton, denen 1998 der Nobelpreis für Wirtschaftswissenschaften für ihr Optionspreismodell verliehen wurde. In den Anfangsjahren erzielte der LTCM Fund durch Arbitragegeschäfte an den Anleihemärkten hohe Wertzuwächse.

Ende 1997 hatte der Fund eine jährliche Rendite von rund 40 Prozent vorzuweisen und im Fund wurde Mitte des Jahres 1998 ein Vermögen von 120 Milliarden US-Dollar verwaltet. Investoren wurden durch den hervorragenden Track Record und die renommierten Fondsmanager angezogen und beteiligten sich mit Einlagen ab 10 Millionen Dollar. Die lukrativsten Geschäfte machte LTCM bei Anleihearbitragegeschäften in den USA und in Italien. Bei den Arbitragegeschäften in den USA profitierten LTCM von Renditedifferenzen bei lang laufenden Staatsanleihen, die sich aufgrund von Illiquiditäten bei Staatsanleihen mit einer Laufzeit von 29,5 Jahren ergaben. In Italien spekulierte LTCM erfolgreich auf eine Angleichung des Zinssatzes lang laufender italienischer Staatsanleihen an die italienische Lira-Swap-Rate. Nachdem Italien Anfang der neunziger Jahre aus dem Europäischen Währungssystem ausgeschieden war, die Kommunisten in die Regierung gewählt worden waren, und die Staatsverschuldung des italienischen Staates ständig stieg, konnten italienische Staatsanleihen aufgrund von Bonitätsrisiken nur mit einem hohen Zinssatz emittiert werden, der 8 Prozent über dem Zinssatz vergleichbarer deutscher Staatsanleihen lag. Da Italien jedoch 1992 durch den Vertrag von Maastricht langfristig einem gemeinsamen Währungssystem und einer gemeinsamen Geldpolitik unterliegen sollte, spekulierte LTCM erfolgreich auf eine Angleichung des italienischen Zinsniveaus an das europäische, das durch die Europäische Zentralbank bestimmt werden sollte. Nach den erfolgreichen Arbitragespekulationen weitete LTCM im Laufe der Jahre seine Aktivitäten aus und investierte ähnlich wie ein Global Makro Fund weltweit. Der Fund spekulierte unter anderem in den Strategien Long/Short Equity, Event Driven und Fixed Income Arbitrage. Beispielsweise versuchte man aus den Übernahmen von Ciena und MCI Communications oder aus Bewertungsdifferenzen bei BMW, VW oder italienischen Telekommunikationswerten Profit zu schlagen. Zudem war der Fund verstärkt bei Anleihearbitragegeschäften in Russland und Swap und Volatility Trades aktiv. Der Fund spekulierte nach den Finanzturbulenzen, die vor allem die südostasiatischen Aktienmärkte und andere Emerging Markets Ende 1997 und zu Beginn des Jahres 1998 erschüttert hatten, auf eine Beruhigung der Lage an den Finanzmärkten und eine Einebnung der Credit Spreads zwischen Emerging Market Bonds und den Anleihen westeuropäischer Staaten mit hoher Bonität. Zunächst schien sich die Lage an den Finanzmärkten im Sommer 1998 auch zu entspannen, nachdem sich die unsichere politische und ökonomische Lage in Indonesien nach dem Rücktritt Präsident Suhartos im Mai 1998 und einer Kreditzusage des IWF in Höhe von 43 Milliarden Dollar stabilisiert hatte, und sich auch die zuvor rapide abwertenden Währungen anderer asiatischer Tigerstaaten stabilisierten. Jedoch spitzte sich ab Juli 1998 die Vertrauenskrise in die russische Wirtschaft zu und führte in den folgenden Monaten zu gravierenden Verlusten des russischen Aktienmarktes. Die russische Regierung sah sich gezwungen ihre Zahlungsverpflichtungen gegenüber den Anleiheschuldnern einzustellen, zudem wertete der Rubel ab. Infolgedessen kam es auch an anderen Börsen der Emerging Markets zu massiven Verlusten und die Credit Spreads weiteten sich aufgrund der allgemeinen Unsicherheit aus. Der LTCM Fund verlor durch die Finanzturbulenzen innerhalb weniger Monate fast die Hälfte des verwalteten Vermögens und der Verschuldungsgrad betrug mehr als 50 zu 1. Da der Fund nicht mehr in der Lage war, genügend Geld für die eingehenden Margin Calls nachzuschießen bzw. die Positionen aufgrund der allgemeinen Unsicherheit nur mit erheblichen Abschlägen zu ihren tatsächlichen Werten verkauft werden konnten, kam es am 23. September 1998 zu einer von der amerikanischen Notenbank organisierten Hilfsaktion. Ein Konsortium von 14 Großbanken brachte 3,65 Milliarden Dollar zur Rettung des LTCM Funds auf, um die im Falle einer Insolvenz befürchteten negativen Folgen für die globalen Finanzmärkte abzuwenden. Ein Investment von einem Dollar im März 1994 war im September 1998 noch 50 Cent Wert.

Abbildung 7

Wertentwicklung des LTCM Hedge Fonds

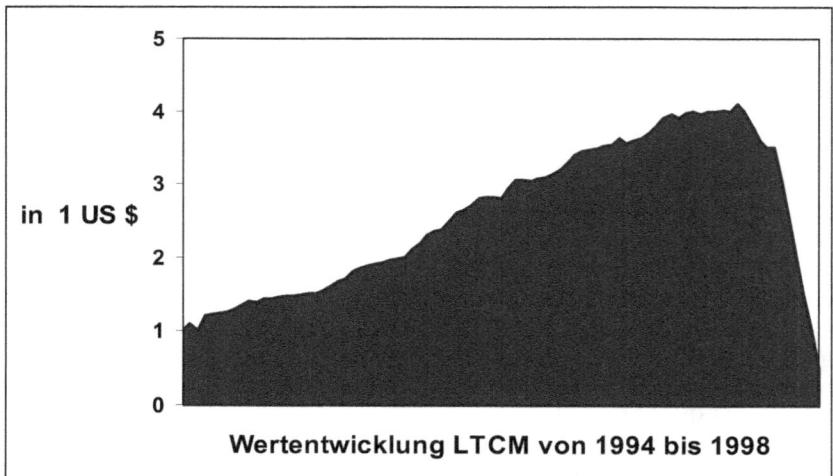

Wertentwicklung LTCM von 1994 bis 1998

Hedge Fonds zwischen Mythos und Realität

Prämie für Hedge Fonds spezifische Risiken

Hedge Fonds weisen eine „Überrendite" zu traditionellen Anlageformen auf. Manche Marktteilnehmer sind der Meinung, dass diese „Überrendite" ausschließlich durch Managerfähigkeiten, sprich das Ausnutzen von Marktineffizienzen durch gutes Markttiming und Informationsvorteile, generiert wird. Andererseits könnten die dauerhaften „Überrenditen" jedoch auch durch Risikoprämien erklärt werden, die gezahlt werden, da Hedge Fonds spezifischen Risiken ausgesetzt sind, die von Preismodellen wie dem CAPM, die auf den Annahmen der klassischen Portfoliotheorie basieren, nur unzureichend erfasst werden. Die klassische Portfoliotheorie und das auf ihr basierende CAPM geht in ihren Annahmen unter anderem davon aus, dass die Renditen der Anlagen normalverteilt sind und das alle Anleger identische Erwartungen bezüglich Renditen, Volatilitäten und Korrelationen haben und nur für das breite Marktrisiko, also das systematische Risiko, entschädigt werden. Es lässt sich jedoch zeigen, dass diese Annahmen bei Hedge Fonds nicht ohne weiteres getroffen werden können. Die Renditen vieler Hedge Fonds Strategien sind nicht normalverteilt und Hedge Fonds weisen spezifische Risiken auf, die bei traditionellen Anlagen nicht, oder nur in abgeschwächter Form auftreten.

Asymmetrische Renditeverteilung

Linksschiefe von Hedge Fonds

Bei der Darstellung von Hedge Fonds in einem Rendite-/Risiko-Diagramm wird implizit davon ausgegangen, dass normalverteilte Renditen vorliegen. Solange dies der Fall ist, kann man sich in der Darstellung auf die ersten zwei Verteilungsmomente, also die durchschnittliche Rendite und die Standardabweichung beschränken. Ist die Renditeverteilung jedoch nicht symmetrisch, müssen die dritten und vierten Verteilungsmomente, die Schiefe (Skewness) und die Flachheit (Kurtosis), berücksichtigt werden. Eine asymmetrische Renditeverteilung ist entweder rechtsschief oder linksschief. Die rechtsschiefe Verteilung weist im Gegensatz zur linksschiefen Verteilung eine größere Neigung zu hohen positiven Renditen auf und bietet einen besseren Schutz vor Verlusten. Zwar ist die Wahrscheinlichkeit, Renditen über dem arithmetischen Mittel zu erzielen bei der linksschiefen Verteilungen höher, als bei der rechtsschiefen, jedoch birgt diese die Gefahr von höheren Verlusten als bei der rechtsschiefen Verteilung. Linksschiefe Verteilungen weisen also Eigenschaften auf, die nicht den Präferenzen eines risikoaversen Investors entsprechen. Für Hedge Fonds Renditen lässt sich die Annahme einer Normalverteilung nicht aufrechterhalten.[35] Fast alle Hedge Fonds Strategien weisen linksschiefe Renditeverteilungen und eine positive Flachheit auf, was darauf hindeutet, dass die Erträge an beiden Enden der Verteilung überproportional häufig auftreten.[36] Dabei wird in der Literatur auch häufig von den so genannten „Fat Tails" gesprochen. Diese Eigenschaften von Hedge Fonds werden in einem Rendite-/Risiko-Diagramm nicht berücksichtigt, da der Einfluss des dritten und vierten Verteilungsmomentes nicht wiedergegeben wird. Auch Kennzahlen wie das Sharpe-Ratio berücksichtigen diese Momente nicht. Abbildung 5 illustriert die verschiedenen Renditeverteilungen.

Abbildung 8

Schiefe einer Verteilung

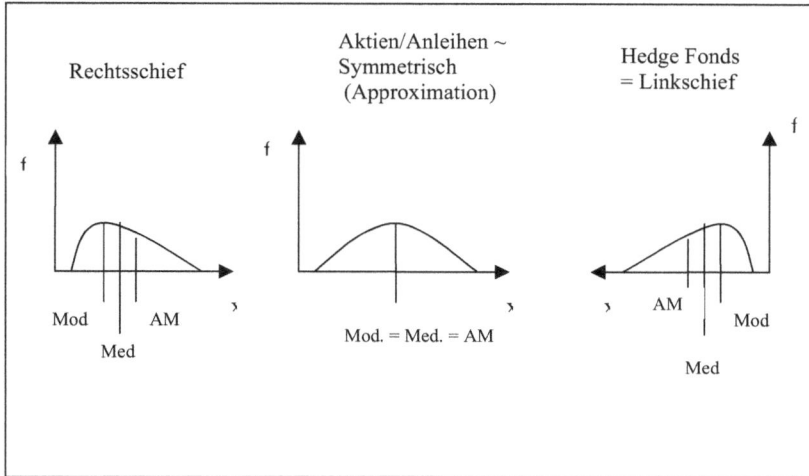

Rechtsschief	Aktien/Anleihen ~ Symmetrisch (Approximation)	Hedge Fonds = Linkschief

Korrelationskoeffizient als Maß für die Diversifikation

Von der dargestellten Problematik ist auch der Korrelationskoeffizient betroffen, was die Frage aufwirft, inwieweit er sich als Maß für das Diversifikationspotential von Hedge Fonds eignet. Die Messung der Diversifikation mit dem Korrelationskoeffizienten r, der in der Regel als Schätzer für die Abhängigkeit zweier Zufallsvariablen bzw. Anlagen angesehen wird, kann bei der Einbeziehung von Hedge Fonds in die Berechnungen zu Komplikationen führen. Die Korrelation φ zwischen zwei Zufallsvariablen X und Y wird durch die Division der Kovarianz von X und Y (*cov (X,Y)*) mit dem Produkt der Standardabweichungen der beiden Variablen ermittelt:

$$\varphi = \frac{\text{cov}(X,Y)}{\sigma_x \cdot \sigma_y} \qquad (4)$$

Die Regressionsgerade erfasst die Beziehung zwischen X und Y, wobei ein linearer Zusammenhang unterstellt wird. Das Bestimmtheitsmaß R^2 gibt an, wie viel der Gesamtstreuung Y durch die Variable X erklärt wird. Die Wurzel des Bestimmtheitsmaßes ist der Korrelationskoeffizient r, welcher zwischen +1 und -1 liegt. Bei einem Wert von +1 besteht perfekte positive Korrelation, bei einem Wert von -1 perfekt negative Korrelation. Der bei den Berechnungen hervorzuhebende Punkt ist jedoch, dass der Korrelationskoeffizient nur bei linearen Zusammenhängen zwischen der Variable X und Y sinnvolle Ergebnisse liefert. Hedge Fonds Renditen haben jedoch einen komplexen nicht linearen Zusammenhang zu den zugrunde liegenden Märkten. Die Aussagekraft der ermittelten Korrelationen kann daher eingeschränkt oder irreführend sein.

Gemäß der Portfoliotheorie von Markowitz bietet in einem Portfolio eine möglichst tief korrelierende Alternativanlage das größte Diversifikationspotential, durch eine zu ermittelnde Umschichtung in diese Anlage ließe sich das Risiko des Portfolios wegdiversifizieren. Da die Varianz als alleinige Kennzahl zur Messung des Risikos bei der Einbeziehung von Hedge Fonds ungeeignet ist, werden aktuell adäquatere Kennzahlen oder komplexere Schätzmethoden entwickelt. Eine Risikokennzahl die Momente dritter und vierter Ordnung im Gegensatz zur Standardabweichung berücksichtigen kann, ist der VaR.

Einfluss auf die Portfoliodiversifikation mit Hedge Fonds

Der VaR ist ein einseitiges, verlustorientiertes Risikomaß ist, das nur Abweichungen vom Mittelwert nach unten als Risiko identifiziert, wohingegen bei der Berechnung der Standardabweichung die negativen und die positiven Abweichungen vom Mittelwert in die Berechnung einfließen. Der VaR quantifiziert also das Risiko der Verluste. Modifiziert man den VaR, so kann dieser die Verschiebung der Effizienzlinien, die durch die Schiefe und die Flachheit entstehen, darstellen.[37] Zwischen den Risikomassen VaR und der Standardabweichung gibt es bei normalverteilten Renditen grundsätzlich keinen Unterschied, der VaR entspricht einem Vielfachen der Standardabweichung.

Signer[38] verglich folgende in Abbildung 8 dargestellten Portfolios:

1. Portfolio aus Aktien und Anleihen unter der Annahme einer Normalverteilung (normaler VaR).

2. Portfolio aus Aktien und Anleihen, dem Hedge Fonds beigefügt sind, unter der Annahme einer Normalverteilung (normaler VaR).

3. Portfolio aus Aktien und Anleihen unter der Annahme von nicht normalverteilten Renditen, also unter der Berücksichtigung von Schiefe und Flachheit (modifizierter VaR).

4. Portfolio aus Aktien und Anleihen, dem Hedge Fonds beigefügt sind, unter der Annahme von nicht normalverteilten Renditen, also unter der Berücksichtigung von Schiefe und Kurtosis (modifizierter VaR).

Abbildung 9

Portfolioverschiebung durch Schiefe und Flachheit

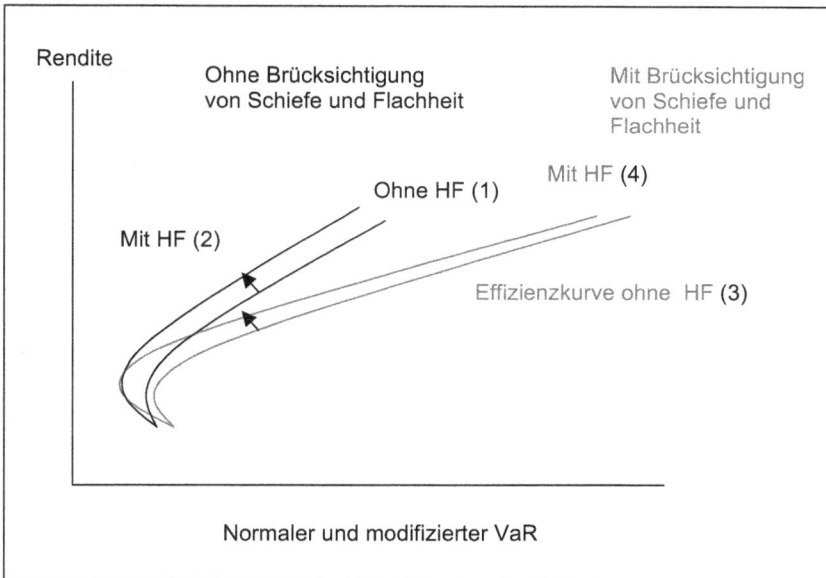

Zwar können, wie aus der Grafik anhand der Verschiebung von (1) nach (3) ersichtlich, auch traditionelle Portfolios Schiefe- und Flachheit-Werte aufweisen, allerdings scheint es nach dem heutigen Stand der Wissenschaft unbestritten, dass ein Portfolio, dem Hedge Fonds beigemischt sind, wesentlich ungünstigere Schiefe- und Flachheit-Werte aufweist, als ein traditionelles Portfolio. Daher fällt der bei der Berücksichtigung von Schiefe und Flachheit ausgewiesene Mehrwert - (Differenz zwischen (4) und (3)) - wesentlich geringer aus, als der in einem Rendite-/Risiko-

Diagramm ausgewiesene Mehrwert – (Differenz zwischen (2) und (1)) - bei dem Schiefe und Flachheit nicht berücksichtigt werden. Im Rendite-/Risiko-Diagramm wird daher der Effekt einer Beimischung von Hedge Fonds zu positiv dargestellt, die Verschiebung der Effizienzlinie nach links fällt zu groß aus. Die Überschätzung des durch die Beimischung mehrerer Hedge Fonds zu einem traditionellen Portfolio generierten Mehrwertes hängt davon ab, welche Hedge Fonds Strategien in das Portfolio aufgenommen werden. Equity Market Neutral Strategien weisen verhältnismäßig geringe Schiefe und Flachheit Werte aus, wohingegen Event Driven Strategien hohe Werte aufweisen.

In einer aktuellen Studie kamen Amin und Kat[39] zu einem ähnlichen Ergebnis. Sie untersuchten die Effekte, die Hedge Fonds durch ihre Beimischung in einem Portfolio aus Aktien und Anleihen erzeugen. Zwar konnte auf Basis eines Rendite-/Risiko-Diagramms ab einer 25%tigen Hedge Fonds Allokation eine erhebliche Effizienzsteigerung festgestellt werden, gleichzeitig wurden jedoch hohe Schiefe- und Flachheit-Werte ermittelt. Die Autoren ziehen die Schlussfolgerung, dass die Anleger durch die Beimischung von Hedge Fonds zu einem traditionellen Portfolio Profitpotential gegen geringeres Verlustpotential eintauschen.

Außer den beschriebenen negativen Effekten sind Hedge Fonds weiteren Risiken ausgesetzt. Neben traditionellen Risiken, wie dem Kreditrisiko oder rechtlichen Risiken, auf die hier nicht näher eingegangen wird, dürften vor allem qualitative Risiken einen negativen Einfluss auf den in einem Rendite-/Risiko-Diagramm ausgewiesenen Mehrwert haben. Eine Quantifizierung der Mehrwertreduktion, die sich aufgrund qualitativer Risiken einstellt, ist jedoch sehr schwierig.

Qualitative Risiken

Die Intransparenz der Hedge Fonds Branche führt zu einem *Managerrisiko*. Aufgrund der Intransparenz vieler Fonds ist der Wert der Fondspositionen für den Anleger nicht nachvollziehbar und er ist gezwungen auf die Fairness und Integrität des Managers zu vertrauen. Denn durch die Intransparenz und Problemen, die bei der Preisbestimmung illiquider Positionen auftreten, besteht bei der Ermittlung der Inventarwerte ein gewisser Spielraum. Da Hedge Fonds Manager geringer aufsichtsrechtlicher Überwachung bzw. anderen Restriktionen unterliegen, könnte persönlicher Stolz oder Gier zum Aufbau riskanter Positionen führen, die nicht im Interesse der Anleger sind.

Ein *Bewertungsrisiko* kann auftreten, wenn illiquide Positionen veräußert werden. Lässt sich ein Marktpreis nicht ermitteln und findet sich kein Käufer, so können die Positionen unter Umständen nur mit einem hohen Abschlag auf den „fairen" Wert verkauft werden.

Wird ein Hedge Fonds zu groß, kann ein *Größenrisiko* auftreten. Je größer das Volumen einzelner Transaktionen, desto schwieriger wird es, Käufe bzw. Verkäufe schnell und zu einem „fairen" Preis abzuschließen. Zudem kann es sein, dass die Strategie des Fonds von anderen Fonds entdeckt und kopiert wird.

Das *Strategierisiko* hängt direkt mit dem Managerrisiko und der niedrigen Transparenz von Hedge Fonds zusammen. Investiert ein Anleger in einen Fonds, dessen Strategie seinen persönlichen Nutzen maximiert, so vertraut er darauf, dass der Fondsmanager gemäß den Richtlinien des „Offering Memorandum" diese Strategie auch in einem veränderten Marktumfeld beibehält. Da die einzelnen Strategien jedoch oft schwer zu differenzieren sind und der Anleger keinen Einblick in die Positionen des Fonds erhält, kann der Fonds-Manager die Strategie wechseln, obwohl dies unerwünschte Folgen, wie zum Beispiel einen Anstieg der Volatilität des Fonds, für den Anleger haben kann. Veränderte Marktbedingungen führen bei Hedge Fonds oft zu einem Strategiewechsel. Ohnehin wird oft die Strategie kopiert, die in der Vergangenheit eine gute Performance aufzeigte.

Die aufgezeigten Hedge Fonds spezifischen Risiken werden in Modellen, die das Risiko durch die Standardabweichung wiedergeben, nicht berücksichtigt. Zwar können auch andere Anlageformen einem Teil der hier aufgezeigten Risiken ausgesetzt sein, jedoch nach dem heutigen Stand der Wissenschaft in einem signifikant geringeren Ausmaß. Insbesondere die quantitative Erfassung der aufgezeigten Risken bedarf weiterer Forschungsaktivitäten. Ein gängiger Vorschlag der Wissenschaft besteht darin, bei der Ermittlung des Risikos von Hedge Fonds ein paar Prozentpunkte auf das durch die Standardabweichung ermittelte Risiko aufzuschlagen, um so den Hedge Fonds spezifischen Risiken Rechnung zu tragen.

Es kann jedoch nicht nur bei der Berechnung des Risikos von Hedge Fonds zu Problemen kommen, auch die von Hedge Fonds erzielten „absoluten Renditen" könnten in der Vergangenheit durch Verzerrungen in den Datenreihen zu positiv dargestellt worden sein.

Verzerrungen der ausgewiesenen Renditen

Selection Bias

Die Veröffentlichung von Hedge Fonds Renditen in den Datenbanken von entsprechenden Anbietern erfolgt auf freiwilliger Basis, da es bisher keine gesetzlichen Vorschriften gibt, die eine Veröffentlichung vorschreiben. Da die Berichterstattung an die Hedge Fonds Datenanbieter freiwillig erfolgt und die einzelnen Hedge Fonds frei entscheiden, an welchen Datenanbieter sie ihre Ergebnisse vermitteln, kann es zu erheblichen Verzerrungen kommen. Bei einer freiwilligen Berichterstattung der Hedge Fonds können die in den Datenbanken ausgewiesenen durchschnittlichen Renditen zu hoch ausfallen. Da Hedge Fonds mit einer positiven Wertentwicklung eher bereit sind, ihre Daten der Öffentlichkeit mitzuteilen, als solche mit einer schlechten Wertentwicklung, kommt es zu Verzerrungen, die in der Literatur als „Selection Biases" bezeichnet werden. Eine Quantifizierung dieses Effektes ist bisher nicht möglich. Eng mit dieser Problematik verbunden ist der so genannte „backfilling bias". Wird ein Hedge Fonds in eine Datenbank aufgenommen, so werden in der Regel die vor der Aufnahme in die Datenbank erzielten Renditen integriert, man spricht dabei von einem „backfilling". Auch hier ist davon auszugehen, dass tendenziell eher Fonds eine Aufnahme in eine Datenbank anstreben, deren Wertentwicklung in der Anfangsphase nach der Gründung des Fonds positiv war. Das kann dazu führen, dass die durchschnittlichen Hedge Fonds Renditen der Datenbanken zu hoch ausfallen. Edwards und Caglayan[40] ermittelten für die Tass Datenbank einen „Backfilling Bias" von 1,17%.

Survivorship Bias

Beschließt ein in einer Datenbank gelisteter Hedge Fonds, keine weiteren Berichte über seine Wertentwicklung zu liefern, wird in der Regel die gesamte Datenreihe des Fonds aus der Datenbank entfernt. Eine Beendigung der Berichterstattung kann folgende Gründe haben. Einerseits entschließen sich sehr erfolgreiche Fonds Manager dazu, keine neuen Investoren mehr zu akquirieren, da sie ihre Kapazitätsgrenze erreicht haben, und stellen daher ihr Listing in der Datenbank, welches oft als Werbeinstrument benutzt wird, ein. Andererseits kann auch eine schlechte Wertentwicklung des Fonds zu einer Beendigung der Berichterstattung führen. Studien belegen, dass der zweite Grund überwiegt. Werden in den Datenbanken bei der Ausweisung der Rendite nur heute existierende Hedge Fonds und nicht die aufgrund der schlechten Entwicklung ausgeschiedenen Fonds berücksichtigt wird die ausgewiesene Rendite ein zu vorteilhaftes Bild der Realität vermitteln. Man spricht von einem Survivorship Bias. Diverse akademische Arbeiten haben die durch den Survivorship Bias zu hoch ausgewiesene Wertentwicklung in den Datenbanken ermittelt. Wie Tabelle 3 zeigt, differieren die Ergebnisse je nach verwendeter Zeitperiode und der zugrunde liegenden Datenbank stark. Der niedrigste Survivorship Bias in Höhe von 0,6% wurde in der Studie von Liang[41] aus dem Jahre 1999 für die HFR Datenbank ermittelt, den höchsten Bias mit 3,00% ermittelten Fung und Hsieh[42].

Tabelle 3

Wissenschaftliche Arbeiten zum Survivorship Bias

Autoren	Datenbank	Zeitraum	Survivorship Bias (in % pro Jahr)
Brown/Goetzmann/Ibbotson (1999)	US Offshore Hedge Fund Directory	1989-1995	0.75
Liang (2000)	HFR	1993-1997	0.6
Fung / Hsieh (2000)	TASS	1994-1998	3.00
Liang (2000)	TASS	1993-1997	2.24
Liang (2001)	TASS	1990-1999	1.69
Amin/Kat (2001)	TASS	1994-2001	1.89

Korrelationsbias

Vor allem bei der Portfolioallokation ist zu berücksichtigen, dass teilweise tiefere Abhängigkeiten zwischen Hedge Fonds und traditionellen Anlagen bestehen können, als üblicherweise ausgewiesen. Denn Hedge Fonds Portfolios bestehen zu einem Teil aus sehr illiquiden Wertpapieren, deren Preis nur schwierig zu bestimmen ist. Da für die Bewertung der illiquiden Anlagen oft keine genauen Marktpreise vorhanden sind, wird bei ihrer Bewertung teilweise auf die zuletzt gehandelten Preise zurückgegriffen. Aufgrund einer daraus entstehenden gewissen Flexibilität bei der Preisbestimmung, können die am Monatsende ausgewiesenen Renditen von den tatsächlichen abweichen.

Dadurch besteht auch die Gefahr, dass Korrelationen falsch ausgewiesen werden. Weisen die Aktienmärkte beispielsweise am Ende des Monats eine starke Aufwärtsbewegung auf, es sind jedoch für die illiquiden Anlagen am Monatsende keine aktuellen Marktpreise vorhanden, so werden für das Monatsreporting die zuletzt gehandelten Preise der illiquiden Anlagen verwendet. Der Wertanstieg der illiquiden Anlagen, der sich eigentlich synchron mit dem Anstieg am Aktienmarkt vollzog, wird sich frühestens im nächsten Monat bei der Berechnung der Inventarwerte berücksichtigt. Die Wertsteigerungen der illiquiden Anlagen werden also aufgrund des Rückgriffs auf die zuletzt gehandelten Preise nicht synchron erfasst, was die Korrelationskennziffern zwischen dem Markt und den Hedge Fonds Positionen verzerrt.[43] Hedge Fonds Manager könnten ihre Flexibilität bei der Preisbestimmung auszunutzen, um eine möglichst niedrige Korrelation zu Aktien- oder Anleihemärkten auszuweisen. Asness, Krail und Liew[44] berechneten diesen Effekt. Sie verglichen für die Periode von 1994 bis 2000 die geschätzten Korrelationen verschiedener Hedge Fonds Strategien mit dem S&P 500 sowohl auf Basis monatlicher, als auch vierteljährlicher Renditen. Falls kein Bewertungsproblem vorläge und die monatlichen Renditen unabhängig verteilt wären, würden die Berechnungen der Korrelation auf Basis der monatlichen und vierteljährlichen Renditen identische Ergebnisse aufzeigen. Wie Tabelle 4 zeigt, sind die monatlichen und vierteljährlichen Korrelationen jedoch sehr unterschiedlich. Die Autoren schließen aus ihren Ergebnissen, dass die Korrelation von Hedge Fonds gegenüber dem Markt auf monatlicher Basis aufgrund der beschriebenen Problematik unterschätzt wird. Die Differenz zwischen der monatlichen und der vierteljährlichen Korrelation gibt den Korrelationsbias an.

Tabelle 4

Ermittlung des Korrelationsbias

Strategie	Monatliche Korrelation mit dem S&P 500 (1)	Vierteljährliche Korrelation mit dem S&P 500 (2)	Korrelationsbias = Differenz (2) - (1)
Convertible Arbitrage	0,13	0,23	0,11
Event Driven	0,60	0,64	0,05
Fixed Income Arbitrage	0,08	0,26	0,18
Global Macro	0,36	0,41	0,05
Long/Short Equity	0,62	0,76	0,15
Composite Index	0,52	0,64	0,12

Ausblick für Deutschland

Durch ein Investment in Hedge Fonds partizipiert der Privatanleger an Investment-Vehikeln, deren Fondsmanager versuchen, eine von der Wertentwicklung traditioneller Anlageformen unabhängige positive Rendite zu erwirtschaften. Im Gegensatz zu Fondsmanagern, die sich an einer Benchmark orientieren und in der Regel gezwungen sind Kauf-Positionen zu halten, besitzt der Hedge Fonds Manager eine größere Flexibilität in seinen Anlagemöglichkeiten. Der Einsatz verschiedenster Anlageinstrumente und Anlageformen ermöglicht es ihm, abgesehen von Strategiebeschränkungen, sein Portfolio zu diversifizieren. Auch Hedge Fonds sind Marktrisiken ausgesetzt, die aber, da die meisten Anlagestrategien ein geringes Market Exposure haben, nicht „direktional", sondern strategiespezifisch sind. Strategiespezifische Risiken manifestieren sich zum Beispiel durch eine geringe Anzahl von Fusionen oder ausgeweiteten Kredit-Spreads. Ebenso vielzählig wie diese Risiken sind jedoch gleichzeitig auch die Quellen der Renditen der einzelnen Strategien. Die unterschiedlichen Rendite-, Risiko- und Korrelationseigenschaften der einzelnen Strategien untereinander und vor allem zu traditionellen Anlagen führen dazu, dass Hedge Fonds ein optimales Diversifikationsvehikel sind. Insbesondere in einem Portfolio, das aus Aktien- und Anleihen besteht, erreicht man durch die Beifügung von Hedge Fonds nach derzeitigem Stand der Wissenschaft Effizienzsteigerungen.

Doch eine qualitative und quantitative Fondsauswahl ist insbesondere in der Hedge Fonds Branche von entscheidender Bedeutung. Denn diese zeichnet sich durch ihre Intransparenz, hohe Unterschiede in der Gebührenstruktur, eine hohe Differenz in der Qualität des Fondsmanagements und eine hohe Ausfallrate aus. Der Privatanleger verfügt oft nicht über das entsprechende Know-How und die Research-Möglichkeiten, um die Risiken eines einzelnen Hedge Fonds bzw. eines Fondsmanagers adäquat einschätzen zu können. Für den Privatanleger eignet sich daher eher eine Partizipation an der Anlageklasse über einen Hedge Fonds Dachfonds, da die Due Diligence der einzelnen Fonds von einem professionellen Management übernommen wird.

Rechtliche und regulatorische Hindernisse haben dem deutschen Privatanleger lange Zeit nur eine Anlage in Produkte, die ihn an der Wertentwicklung eines Hedge Fonds Dachfonds partizipieren lassen, ermöglicht. Diese strukturierten Produkte, die von deutschen Banken und Tochtergesellschaften ausländischer Banken angeboten werden, sind in der Regel gut diversifiziert und weisen ein geringes Risiko auf, jedoch sind die Gebühren aufgrund der Strukturierung sehr hoch und reduzieren die Wertsteigerungen der Produkte. Die überwiegende Zahl deutscher Hedge Fonds Produkte konnte die von den Anbietern bei der Emission anvisierten Zielrenditen in den letzten drei Jahren nicht erreichen. Auch die absolute Gewinnerwartung der Anleger, die pro Jahr zweistellige prozentuale Gewinne erwarteten, konnte von den meisten Produkten nicht erfüllt werden.

Im Verhältnis zu deutschen Aktien konnten deutsche Hedge Fonds Produkte jedoch in den letzten drei Jahren eine risikoadjustierte Überrendite erzielen. Eine deutliche Mehrheit der Privatanleger ist daher mit den von Hedge Fonds in den letzten Jahren erzielten Ergebnissen in ihren Portfolios zufrieden. Empirische Ergebnisse aus der Schweiz zeigen, dass während der letzten 3 Jahre Portfolios mit Hedge Fonds Anteilen eine bessere Portfoliorendite bei gleichzeitig geringeren Schwankungen, als Portfolios ohne Hedge Fonds Allokationen erzielten.

Es spricht vieles dafür, dass Hedge Fonds langfristig ein wichtiger Bestandteil des Investment Management bleiben und nicht, wie manche Marktteilnehmer glauben, nur eine Finanzinnovation sind, die ihren Zenit in Kürze überschritten haben wird. Hedge Fonds werden deshalb für den Anleger interessant bleiben, da sie das Ziel verfolgen, eine absolute positive Rendite zu erzielen und ein Portfolio zu diversifizieren. Allerdings sollten realistischere Erwartungen an die Anlageklasse gestellt werden, als dies lange Zeit seitens der Privatanleger getan wurde. Zwar wiesen Hedge Fonds im letzten Jahrzehnt global gesehen eine sowohl absolute, als auch risikoadjustierte Überrendite auf, jedoch lässt sich aus der Vergangenheit nicht auf die Zukunft schließen und Hedge Fonds spezifische Risiken dürfen nicht verkannt werden. Sicherlich generierten Hedge Fonds Manager in der Vergangenheit höhere risikoadjustierte Renditen nicht ausschließlich durch das Ausnutzen von Marktineffizienzen und ihr überlegendes „Wissen". Einen wesentlicher Teil der von Hedge Fonds generierten Renditen besteht aus Risikoprämien. Die richtige Bewertung dieser Risikoprämien erfordert jedoch auch Managerfähigkeiten.

Die Herausforderung der Zukunft wird sowohl für den Fondsmanager, als auch für Akademiker, darin bestehen, Hedge Fonds spezifische Risiken, insbesondere die asymmetrische Renditeverteilung von Hedge Fonds und qualitative Risiken zu quantifizieren. Dies ist auch eine wesentliche Vorraussetzung, um das Ausmaß der Effizienzsteigerung, die Hedge Fonds in einem traditionellen Portfolio generieren, zu berechnen.

Die Zukunftsprognosen für den deutschen Hedge Fonds Markt sind positiv. Bislang waren die Rahmenbedingungen in Deutschland nicht dazu geeignet, dass sich Hedge Fonds in Deutschland ansiedeln. Durch die Gesetzesänderung verfügt Deutschland jedoch über eines der liberalsten Marktumfelder in Europa, was dem hiesigen Hedge Fonds Markt zu einem überdurchschnittlichen Wachstum verhelfen wird. Hedge Fonds sind ab dem 1. Januar 2004 durch die Novellierung des deutschen Investmentrechtes rechtlich zugelassen und werden aufsichtsrechtlich reguliert werden. Durch das Gesetz können Hedge Fonds direkt von Deutschland aus vertrieben werden. Dem schutzbedürftigen Privatanleger wird ein Investment in Hedge Fonds Dachfonds ermöglicht, der fachkundige Privatanleger kann Mittels einer Teilnahme an einer Privatplatzierung auch in Single-Hedge Fonds investieren. Die deutsche Finanzindustrie wird von einer Marktöffnung ebenso profitieren, wie der Privatanleger, falls er sich über die Chancen und die Risiken seines Hedge Fonds Investments bewusst ist. Insbesondere sollte der Privatanleger individuell über die Risiken aufgeklärt werden. Eine richtige Einschätzung des Managements und der produktspezifischen Risiken und Chancen wird dabei über den Erfolg bzw. Misserfolg des Investments entscheiden. Denn obwohl Hedge Fonds eine absolute Rendite erwirtschaften, und diese bei vielen Strategien in den letzten Jahren positiv ausfiel, stellen sie keine Garantie für Gewinne dar.

Details zu Hedge Fonds Produkten

Alternative Index Zertifikat

Wertpapierart	Zertifikat
Emittent	BNP Paribas
WKN	753962
Laufzeit	31.05.2007
Auflage (Jahr)	2000
Performance 2002/2003*	-3% / 9%
Strategie	Long/Short Equity
Webseite	
www.warrants.bnpparibas.com/de	
Minimuminvestment	5 Zertifikate
Managementgebühr	3% p.a.
Ausgabeaufschlag	4%
Performance Gebühr	keine
Börse	Frankfurt
Spread	3%

Comas Plus B

Wertpapierart	Zertifikat
Emittent	Commerzbank AG
WKN	719497
Laufzeit	15.05.2007
Auflage (Jahr)	2001
Performance 2002/2003*	4,8% / 8,8%
Strategie	Multi Strategy
Webseite	www.comas.commerzbank.de
Minimuminvestment	20.000 Euro
Managementgebühr	1,5% p.a.
Ausgabeaufschlag	3%
Performance Gebühr	10% p.a.
Börse	Frankfurt
Spread	4%

Global Hedge

Wertpapierart	Zertifikat
Emittent	Dresdner Bank AG
WKN	586888
Laufzeit	07.04.2006
Auflage (Jahr)	2001
Performance 2002/2003*	4% / 7,5%
Strategie	Long/Short Equity
Webseite	www.warrants.dresdner.com
Minimuminvestment	10.000 Euro
Managementgebühr	2,25% p.a.
Ausgabeaufschlag	5%
Performance Gebühr	10%
Börse	Frankfurt
Spread	2%

Quadriga

Wertpapierart	Genussschein
Emittent	Quadriga AG
WKN	630824
Laufzeit	unbegrenzt
Auflage (Jahr)	1996
Performance 2002/2003*	39% / 10%
Strategie	Managed Futures
Webseite	www.quadriga.de
Minimuminvestment	500 Euro
Managementgebühr	5% p.a.
Ausgabeaufschlag	-
Performance Gebühr	20%
Börse	Frankfurt
Spread	-

RMF Global Alternative

Wertpapierart	Zertifikat
Emittent	BNP Paribas
WKN	769684
Laufzeit	30.09.2008
Auflage (Jahr)	2001
Performance 2002/2003*	1,5% / 5,5%
Strategie	Multi Strategy
Webseite	www.warrants.bnpparibas.com/de
Minimuminvestment	1 Zertifikat
Managementgebühr	2,88% p.a.
Ausgabeaufschlag	6%
Performance Gebühr	keine
Börse	Frankfurt
Spread	3%

UBS Global Alpha

Wertpapierart	Zertifikat
Emittent	UBS AG
WKN	788670
Laufzeit	02.07.2006
Auflage (Jahr)	2000
Performance 2002/2003*	-0,4% / 16%
Strategie	Multi Strategie
Webseite	www.ubsw.com
Minimuminvestment	-
Managementgebühr	1,75% p.a.
Ausgabeaufschlag	-
Performance Gebühr	15%
Börse	Frankfurt
Spread	3%

HVB Value Vision

Wertpapierart	Zertifikat
Emittent	Hypo Vereinsbank
WKN	686761
Laufzeit	31.07.2009
Auflage (Jahr)	2001
Performance 2002/2003*	-1,4% / 4,6%
Strategie	Multi Strategie
Webseite	www.scm.at
Minimuminvestment	
Managementgebühr	2% p.a.
Ausgabeaufschlag	-
Performance Gebühr	10%
Börse	Frankfurt
Spread	-

Xavex Hedge Select

Wertpapierart	Zertifikat
Emittent	Deutsche Bank AG
WKN	842664
Laufzeit	30.08.2008
Auflage (Jahr)	2000
Performance 2002/2003*	-1,5% / 4,5%
Strategie	Relative Value
Webseite	www.xavex.de
Minimuminvestment	1.000 Euro
Managementgebühr	3,22% p.a.
Ausgabeaufschlag	0%
Performance Gebühr	keine
Börse	Frankfurt
Spread	1%

*HI Pioneer Global Hedge*I

Wertpapierart	Dachfonds Hedgefonds
Emittent	Pioneer Alternative Investments
WKN	540024
Laufzeit	-
Auflage (Jahr)	2004
Performance 2002/2003*	-
Strategie	Multi Strategie
Webseite	www.pioneer.de
Minimuminvestment	500 Euro
Managementgebühr	1% p.a.
Ausgabeaufschlag	5%
Performance Gebühr	bis zu 10%, aktuell 0%
Börse	Frankfurt
Spread	5%

DWS Hedge Invest Dynamic

Wertpapierart	Dachfonds Hedgefonds
Emittent	Deutsche Bank AG
WKN	984815
Laufzeit	unbegrenzt
Auflage (Jahr)	2004
Performance 2002/2003*	-
Strategie	Multi Strategie
Webseite	www.xavex.de
Minimuminvestment	500 Euro
Managementgebühr	2% p.a.
Ausgabeaufschlag	4%
Performance Gebühr	10%, bei Outperformance des 3 Monats-Libor
Börse	Frankfurt
Spread	3%

Unico AI Multi Hedge

Wertpapierart	Dachfonds Hedgefonds
Emittent	Unico Asset Management
WKN	260652
Laufzeit	unbegrenzt
Auflage (Jahr)	2004
Performance 2002/2003*	-
Strategie	Multi Strategie
Webseite	www.unico-fonds.com
Minimuminvestment	-
Managementgebühr	2,5% p.a.
Ausgabeaufschlag	6%
Performance Gebühr	7,5%, fällig bei Wertentwicklung des Fonds über 5%
Börse	Frankfurt
Spread	-

Anhang

Wissenschaftliche Studien zu Hedge Fonds

Quelle	Datenquelle	Resultate
Edwards / Liew (1999)[45]	MAR	Mit passiven Indexstrategien kann die Effizienzlinie eines traditionellen Portfolios nach links oben verschoben werden. Durch das Hinzufügen von Hedge Fonds wird dieser Effekt verstärkt. (Ergebnisse auf Basis einer Rendite-/Risiko-Analyse)
Schneeweis/ Martin (2000)[46]	EACM	Werden 20% Hedge Fonds (EACM 100) einem traditionellen Portfolio (50% S&P 500; 50% Lehman Gov./Corp. Bonds) beigefügt, erhöht sich das Sharpe-Ratio um 57%. In einem Rendite-/Risiko-Diagramm zeigt sich eine Verschiebung der Effizienzlinie nach links oben.
Schneeweis/ Spurgin / Karavas (2000)[47]		Die risikoadjustierte Rendite eines traditionellen Portfolios kann durch die Beifügung von Hedge Fonds erhöht werden. Bei extremen Marktverhältnissen ist der risikosenkende und renditeerhöhende Einfluss von Hedge Fonds höher als unter normalen Marktverhältnissen.
Liang (1999)[48]	HFR	Die Effizienzlinie von Hedge Fonds liegt weit über derjenigen von Mutual Funds. Das Risikomaß ist die Standardabweichung. Verglichen mit Mutual Funds weisen Hedge Funds ein besseres Rendite-/Risiko-Profil auf: Höhere Sharpe-Ratios und höhere abnormale Renditen.
Amin / Kat (2001)[49]	MAR	Als allein stehendes Investment besitzen Hedge Fonds kein besseres Risiko-/Rendite- Profil als Aktien und Anleihen besitzen. In einem Portfolio-Kontext, d.h. als Beimischung zu einem traditionellen Portfolio machen Hedge Fonds jedoch Sinn. Die besten Resultate werden erzielt, wenn 10-20% des Portfolioanteils aus Hedge Fonds bestehen.

Abkürzungsverzeichnis

AIG	Auslandinvestmentgesetz
AIMA	Alternative Investment Management Association
AUM	Assets Under Management
CAPM	Capital Asset Pricing Model
CTA	Commodity Trading Advisor
CSFB	Credit Suisse First Boston
CSFB/Tremont	Credit Suisse First Boston/Tremont
EACM	Evaluation Associates Capital Markets
EMH	Effizienzmarkt-Hypothese
GAMAG	German Asset Managers
HFR	Hedge Funds Research
ICA 1940	Investment Securities Act 1940
InvG 2003	Investmentgesetz 2003
InvStG 2003	Investmentsteuergesetz 2003
KAG	Kapitalanlagegesellschaft
KAGG	Kapitalanlagegesellschaftsgesetz
LP	Limited Partnership
LTCM	Long Term Capital Management
MSCI	Morgan Stanley Capital International Inc.
NAV	Net Asset Value
SA 1933	Securities Act von 1933
SEC	Securities and Exchange Comission
SR	Sharpe-Ratio
STARS Index	Select Topiary Absolute Return Strategies Index
VAN	Van Hedge
VaR	Value at Risk

Quellen

1   **Beck**, Hanno (2001): Spekulative Blase durch Hedge Funds?, in: FAZ, 17.07.2001, S. 23.

2   **Borla**, Simone / **Masetti**, Denis (2003): A Resource for Investors, S. 2.

3   **Deutsche Bundesbank** (1999): Hedge Fonds und ihre Rolle auf den Finanzmärkten, Monatsbericht.

4   **Moix**, Pierre / **Bacmann**, Jan (2002): Hedge Funds lieben die Ineffizienz der Börsen, in: Handelsblatt, 25.09.2002, S. B6.

5   **Friedrich**, Marcus / **Bahr**, Dietmar (2003): Hedge Funds – Königsklasse der Investments, S. 214.

6   **Jaeger**, Robert (2003): All about Hedge Fonds, S. 184.

7   **Agarwal**, Vikas / **Naik**, Narayan (2002): Hedge Funds Charakteristika und Risiken, S. 12.

8   **Van Hedge Fund Advisors**: Global Hedge Funds – Use of Leverage, Stand 12/2002, [http://www.hedgefund.com/abouthfs/attributes/Leverage/ leverage.htm]

9   **Ackermann**,Carl / **McEnally**, Richard / **Ravenscraft**, David (1999): The Performance of Hedge   Funds, in: Journal of Finance, S.834.

10   **Brown**, Stephen / **Goetzmann**, William / **Park**, James (2001): Careers and Survival, Journal of Finance, S. 1875ff.

11   **Ineichen**, Alexander (2003): Absolute Returns, S. 409.

12   **Bekier**, Matthias (1996): Marketing of Hedge Funds, Dissertation der Universität St. Gallen, S. 96.

13   **Daglioglu**, Alper / **Gupta**, Bhaswar (2003): The Benefits of Hedge Funds, Studie des Center for International Securities, 3/03.

14   **Borla**, Simone / **Masetti**, Denis (2003): A Resource for Investors, S. 35ff.

15   Anlage I: Wissenschaftliche Studien.

16   **Tremont Advisors**: Indexkonstruktion, [http://www.Hedgeindex.com/html/methodology.cfm?sID=194&ctID =5.htm].

17   **Jaeger**, Robert (2003): All about Hedge Fonds, S. 258.

18   **Tass Investment Research**: Hedge Funds, in: The Handbook of Alternative Investments.

19   **Busack, Michael** (2002): Hedge Fund Asset Flow und Performance, in: Absolutreport, 9/03, S. 13.

20   **Tass Investment Research**: Hedge Funds, in: The Handbook of Alternative Investments.

21   Dito

22   § 1 Abs. 1 KAGG.

23   **Pütz**, Joachim (2002): Hedge Fonds Zertifikate, in: Absolutreport, 12/01, S. 24f.

24   Schultz, Florian (2002): Absolute Return Strukturen, in: Absolutreport, 8/02, S. 45.

25   **Giehl**, Joachim (2002): Regulatorische und steuerliche Rahmenbedingungen für Hedge Fonds und Absolute Return Strategien in Deutschland, in: Absolutreport, 6/02, S. 48.

26   § 18 Abs. 3 AIG.

27   Kapitel 4, Paragraf 112 bis 120 Investmentmodernisierungsgesetz.

28   **Neus**, Werner (2003): Einführung in die Betriebswirtschaftslehre, S. 317.

29   **Stamm**, Hans / **Livonius**, Hilger von (2002): Hedge Fonds für Privatanleger in Deutschland, in: Absolutreport, 10/02, S. 45.

30   Arithmetisches Mittel.

31   Arithmetisches Mittel

32   Basis: Börsenkurs Frankfurt, in % p.a.

33   Basis: Börsenkurs Frankfurt, in % p.a.

34   Börsenkurs Frankfurt.

35   **Schmidhuber**, Christof / **Moix**, Pierre-Y. (2001): Fat Tail Risk, in: AIMA Newsletter, 8/2001, S.10.

36   **Brooks**, Clifford / **Kat**, Harry (2002): The Statistical Properties of Hedge Fund Index Returns and their Implications for Investors, in: Journal of Alternative Investments, Herbst 2002, S. 27ff.

37   **Cornish Fisher Erweiterung**

38   **Signer**, Andreas (2002): Problematische Messung des Mehrwertes durch Hedge Fonds, in: Absolutreport, 11/02, S.10.

39   **Amin**, Gaurav / **Kat**, Harry M.(2002): Stocks, Bonds and Hedge Funds. Not a Free Lunch, [http://www.cass.city.ac.uk/airc/pdf/WP0009.pdf].

40   **Edwards**, Franklin R. / **Caglayan**, Mustafa O. (2001): Hedge Fund Performance and Manager Skill, Working Paper, Graduate School of Business, Columbia University, S. 5.

41   **Liang**, Bing (2000): Hedge Fund Performance, in: Financial Analysts Journal, 1/01, S. 325.

42   **Fung**, William / **Hsieh**, David A. (2000): Performance Characteristics of Hedge Funds and Commodity Funds. Natural vs. Spurious Biases, in: Journal of Financial and Quantitative Analysis, Vol. 35, S. 291ff.

43   **Signer**, Andreas (2002): Problematische Messung des Mehrwertes durch Hedge Fonds, in: Absolutreport, 11/02, S. 33.

44   **Asness**, Clifford. / **Krail**, Robert. / **Liew**, John. (2001) : Do Hedge Funds Hedge?, in: Journal of Portfolio Management, Herbst 2001, S.11.

45   **Edwards**, Franklin R. / **Liew**, Jimmy (1999): Hedge Funds versus Managd Futures as Asset Classes. The Journal of Derivatives, Sommer 1999, S. 45 – 61.

46   **Schneeweis**, Thomas / **Martin**, George (2000): The Benefits of Hedge Funds. Asset Allocation for the Institutional Securities and Derivatives Markets, Working Paper, University of Massachusetts, 09/2000, S. 9-38.

47   **Schneeweis**, Thomas / **Spurgin**, Richard / **Karavas**, Vassilios N. (2000): Alternative Investment in the Institutional Portfolio, in: AIMA Newsletter, 07/2001.

48   **Liang,** Bing (1999): On the Performance of Hedge Funds, in: Financial Analyst Journal, Vol. 55, S. 72 - 85.

49   **Amin**, Gaurav / **Kat**, Harry M.(2001): Hedge Fund Performance 1990-2000. Do the Money Machines Really Add Value?, Working Paper, ISMA Centre, University of Reading, 12/2001.

www.ingramcontent.com/pod-product-compliance
Lightning Source LLC
Chambersburg PA
CBHW021944220326
41599CB00013BA/1674